Aus Wok
und Pfanne

30-MINUTEN-KÜCHE

Aus Wok und Pfanne

Reader's Digest
Deutschland · Schweiz · Österreich

Aus Wok und Pfanne

Inhalt

Pfannen für die schnelle Küche **6**

Das richtige Fett zum Braten und Frittieren **8**

Gemüse und Fleisch perfekt klein schneiden **10**

Mit Gemüse, Pilzen und Kartoffeln

Spitzkohl mit Kabanossi **14**

Gebratener Spinat mit Speck **17**

Pfannengemüse mit Schafskäse und Joghurt **19**

Gurkenpfanne mit Mais **20**

Chopsuey vegetarisch **22**

Gebratene Auberginen mit Ajvar-Joghurt-Sauce **25**

Linsencurry mit grünen Bohnen **27**

Bunte Gemüsepfanne mit Kichererbsen **28**

Kürbis-Maronen-Pfanne **30**

Pilzpfanne mit Ciabatta-Croûtons **33**

Lauch-Tomaten-Pfanne mit Pinienkernen **36**

Mediterrane Gemüsepfanne mit Spiegelei **38**

Gnocchi-Pfanne mit Brokkoli **41**

Bunte Schupfnudeln mit Rucola **43**

Mit Nudeln, Reis und Getreide

Asia-Nudeln mit Zuckerschoten und Ananas **44**

Wirsing-Nudeln mit Rindfleisch **47**

Zucchini-Pasta-Pfanne **49**

Nudelpfanne mit Rucola und Schafskäse **50**

Spaghetti mit Fenchel und Chorizo **52**

Kohlrabi-Lachs-Pfanne mit Erbsen-Nudeln **55**

Spätzle mit Pilzen und Käsehaube **57**

Bamigoreng – Gebratene Nudeln **58**

Nasigoreng mit Omelettschnecken **60**

Gebratener Gemüsereis mit Flusskrebsen **63**

Gelber Mandel-Reis mit Spinat **65**

Griechische Reispfanne mit Putenbrust **66**

Reispfanne mit Kräuterseitlingen **68**

Kräuter-Reispuffer mit Mango-Dip **71**

Dinkelpfanne mit Zucchini **73**

Zartweizen-Gemüse-Pfanne mit Bacon **74**

Orientalischer Couscous mit Kürbis **76**

Mit Fleisch und Geflügel

Rindergeschnetzeltes mit grünen Bohnen **78**

Curry-Geschnetzeltes mit Lauch und Äpfeln **81**

Gebratenes Schweinefleisch mit Chinakohl **83**

Inhalt

Orientalische Lammfleischpfanne **84**

Hähnchen-Brokkoli-Pfanne **86**

Putengeschnetzeltes mit weißen Bohnen **89**

Entenbrust in Orangen-Sherry-Sauce **91**

Thai-Hähnchen-Curry mit Physalis **94**

Kalbsgeschnetzeltes mit grünem Spargel **96**

Rinderfilet mit Paprika **99**

Geflügelleber mit Pfirsichen **101**

Hackfleischpfanne Tex-Mex **102**

Steak-Gröstl mit Pilzen **104**

Blumenkohl-Schinken-Pfanne **107**

Wurstpfanne mit Dicken Bohnen **109**

Mit Fisch und Meeresfrüchten

Schollenfilets mit Speckgemüse **110**

Fischpfanne mit Spargel und Sprossen **113**

Pannfisch mit Senfsauce **114**

Lachs-Gemüse-Pfanne auf asiatische Art **116**

Sesam-Fischstäbchen mit scharfer Remoulade **118**

Zanderfiletpfanne mit Roter Bete **121**

Chili-Garnelenpfanne mit Zuckerschoten **123**

Kalamari mit Paprika **124**

Pfeffer-Lengfisch mit Papaya **126**

Thai-Curry mit Meeresfrüchten **129**

Fisch-Garnelen-Pfanne süßsauer **130**

Provenzalische Thunfischpfanne **132**

Brokkoli und Fisch im Backteig **137**

Süßspeisen

Gebratener Vanille-Grieß **138**

Karamellisiertes Brot mit Limettencreme und Obst **140**

Herbstliche Bulgur-Früchte-Pfanne **143**

Zitronen-Pfannkuchen mit Erdbeeren **145**

Mohn-Nudel-Pfanne mit Kirschragout **146**

Süße Frühlingsrollen mit Aprikosen **150**

Gebackene Bananen mit Kokosraspeln **152**

Sonderseiten

6 × knusprig frittiert **34**

6 × asiatische Dipsaucen **92**

4 × Dämpfen im Wok **135**

4 × Süßes aus der Pfanne **149**

Register **154**

Impressum **160**

Pfannen für die schnelle Küche

Die Bratpfanne gehört als Allroundtalent in jede Küche. Es gibt sie beschichtet, aus Aluminium, aus Edelstahl, Gusseisen oder mit Keramikoberfläche – welche sich wofür eignet, erfahren Sie hier.

Die Grundausstattung

Eine unbeschichtete Pfanne zum Braten bei starker Hitze und eine beschichtete zum schonenden Braten sollten in jeder Küche vorhanden sein. Bratpfannen mit einem Durchmesser von 26 und/oder 28 cm bieten sich an, wenn für vier Personen gekocht werden soll, für den Single- oder Zwei-Personen-Haushalt genügt ein Durchmesser von 24 oder 26 cm.

- In einer **beschichteten oder versiegelten Bratpfanne** lassen sich hitzeempfindliche Gerichte wie Eier- oder Mehlspeisen, Fisch, knusprige Kartoffeln oder Paniertes schonend braten. Die Antihaftbeschichtung verhindert, dass die Speisen am Pfannenboden haften bleiben, und man braucht nur wenig Fett oder Öl. Beachten Sie, dass die meisten Antihaftpfannen keine zu starke Hitze vertragen.

- Eine **unbeschichtete Pfanne** zum raschen Anbraten von Fleisch u. a. Zutaten bei starker Hitze sollte vorzugsweise **aus Gusseisen** sein. Dieses Material verträgt problemlos hohe Temperaturen und speichert rasch die Hitze. Deshalb werden der Pfannenboden und die -wände schnell heiß und geben die Hitze gut ab.

- **Edelstahlpfannen mit speziellen Thermik-Sandwichböden** sind ebenfalls hervorragend zum Krossbraten geeignet. Allerdings ist die Vorheizzeit im Vergleich zu Gusseisen etwas länger. Gusseisen- und Edelstahlpfannen sind robust und halten im Prinzip ein Leben lang, vorausgesetzt, sie werden richtig gepflegt: mit heißem Wasser und Spülmittel abwaschen sowie gelegentlich mit etwas Öl (kein kalt gepresstes) ausreiben.

Kleine Pfannenkunde

- **Pfannen aus Stahl-Keramik** verbinden die Vorteile einer unbeschichteten mit denen einer beschichteten Pfanne: Zutaten lassen sich darin bei starker Hitze und in wenig Fett anbraten. Auch zum Schmoren oder Dünsten eignen sich Pfannen mit einer Keramikoberfläche gut.

- **Schmiedeeiserne Pfannen** sind vor allem zum schnellen Anbraten von Fleisch oder für knusprige Bratkartoffeln ideal. Sie werden schnell heiß und geben ihre Wärme dadurch rasch an das Bratgut weiter. Wichtig: Vor dem ersten Gebrauch muss eine schmiedeeiserne Pfanne eingebrannt werden, am besten mit Salz, Öl und rohen Kartoffeln. Dadurch entsteht ein Belag aus Stärke, der ähnlich wie eine Antihaftbeschichtung wirkt. Je häufiger die Pfanne im Einsatz ist, desto besser wird diese Patina. Der Vorteil einer Eisenpfanne: Sie ist magnetisch und kann auch auf dem Induktionsherd benutzt werden.
- **Kupferpfannen** werden schnell heiß, denn nach Silber ist Kupfer der beste Wärmeleiter. Diese Pfannen eignen sich besonders zum scharfen Anbraten von Fleisch oder Gemüse und sind für Profis ein Muss. Da Kupfer mit säurehaltigen Speisen reagiert und sich verfärben kann, werden hochwertige Kupferpfannen mit Edelstahl beschichtet oder verzinnt.
- **Grillpfannen** sind meist aus Gusseisen und ideal, um Fleisch und Steaks knusprig zu braten. Sie besitzen Rillen am Boden, die dem Fleisch charakteristische Grillstreifen verleihen. Am gerillten Boden sammelt sich das Bratfett an, das problemlos abgegossen werden kann.

Der Wok – die Universalpfanne aus Fernost

Das vielseitige Kochgerät mit dem runden Boden wird schon seit Jahrhunderten in den Küchen Asiens, vor allem in China, zum Braten, Kochen, Schmoren, Dämpfen oder Frittieren verwendet. Neben Pfanne und Kochtopf hat der Wok mittlerweile auch bei uns einen festen Platz in der schnellen und gesunden Alltagsküche. Ideal ist ein Wok mit einem Durchmesser von 28 cm.

- **Das Original** ist eine tiefe Pfanne, die aus dünnem Metall gehämmert ist sowie einen runden Boden und zwei Griffe hat. Sie ist wie geschaffen für eine offene Feuerstelle.

Für plane Kochfelder, wie ein Ceranfeld oder eine Elektrokochplatte, ist diese Form jedoch ungünstig, da der Wok keinen Halt auf dem Kochfeld hat. Mit einem speziellen Untergestell, das für einen sicheren Stand sorgt, kann ein Original-Wok dagegen gut auf dem Gasherd benutzt werden.

Die Garmethoden im Wok

- **Pfannenrühren** bedeutet rasches Braten im Wok bei starker Hitze in relativ wenig Fett und unter ständigem Rühren mit Stäbchen oder einem Pfannenwender. Dabei kommen die Zutaten kurz, aber wiederholt mit der starken Bodenhitze in Berührung, ohne zu verbrennen und können an den gewölbten, weniger heißen Seitenwänden behutsam nachziehen. Durch die starke Hitze ist die Garzeit kurz (5–10 Minuten). Die Zutaten bleiben knackig und der Eigengeschmack sowie die Farbe und die Nährstoffe weitgehend erhalten.
- **Dämpfen** ist eine schonende Zubereitungsart für Gemüse, Fisch, zartes Fleisch und Teigtäschchen. Die Dämpfzutaten werden auf einen Bambus- oder Metalleinsatz gelegt, und der Einsatz wird auf den mit etwas Wasser gefüllten Wok gesetzt, ohne dabei die Flüssigkeit zu berühren. Der Wok wird dann mit dem passenden Deckel verschlossen. So kann der Dampf um das Gargut zirkulieren.
- **Frittieren** im Wok hat den Vorteil, dass aufgrund der runden Form weniger Fett oder Öl benötigt wird als üblich. Dank seiner Weite können sich die Frittierstücke (z. B. Gemüse im Teigmantel) beim Ausbacken frei bewegen.

- **Woks für Elektro- oder Cerankochfelder** sind meist mit einem flachen und nicht gewölbten Boden ausgestattet. Sie werden aus verschiedenen Materialien und in unterschiedlichen Größen angeboten, so gibt es moderne Woks beispielsweise aus Gusseisen, Stahlkeramik, Edelstahl und Aluguss.
- **Wok-Pfannen** sind im Prinzip Pfannen mit einem Stiel und einem hohen, leicht gewölbten Rand. Dieser Rand verhindert, dass das Gargut beim Braten über den Rand springt. Eine Wokpfanne kann antihaftbeschichtet und aus Aluminium, eloxiertem Eisen, Aluguss oder Edelstahl sein. Sie eignet sich problemlos für das Pfannenrühren auf einem Elektro- oder Cerankochfeld und ist auch für nicht-asiatische Gerichte hervorragend geeignet.

Das richtige Fett zum Braten und Frittieren

Verschiedenste Fette und Öle werden zum Kochen, Braten und Frittieren angeboten. Welches Fett bzw. Öl sich wofür am besten eignet, hängt davon ab, wie hoch erhitzbar es ist. Dies wiederum bestimmen die enthaltenen Fettsäuren.

Feste Fette und flüssige Öle

Feste pflanzliche und tierische Fette haben einen hohen Anteil an langkettigen, gesättigten Fettsäuren, sind bei Raumtemperatur streichfähig oder fest und vertragen unterschiedlich hohe Temperaturen. Öle mit einem hohen Anteil an einfach ungesättigten Fettsäuren (mehr als 60%) und einem geringen Anteil an mehrfach ungesättigten Fettsäuren (weniger als 20%) eignen sich zum Hocherhitzen.

Der Rauchpunkt (siehe Tabelle rechte Seite) ist ein Maß für die Hitzestabilität eines Fettes. Während des Erhitzens verändert sich das Fett oder Öl: Es fängt an sich zu zersetzen, zu rauchen, ranzig zu riechen und sich zu verfärben.

- **Feste Fette aus Kokos- oder Palmkernfett** und andere Frittierfette in Plattenform (z. B. gehärtetes Raps-, Erdnuss-, Sonnenblumen- oder Sojaöl, evtl. mit zugesetzten tierischen Ölen) sind geschmacksneutral und bis über 200 °C erhitzbar. Sie sind zum Frittieren und Braten bei hohen Temperaturen geeignet.
- **Butterschmalz** ist reines Butterfett und kann über 200 °C erhitzt werden, ohne dass es spritzt oder verbrennt. Ein weiterer Pluspunkt: Es verleiht gebratenen oder frittierten Speisen das typische Butteraroma.
- **Schweineschmalz** ist ein geschmeidiges, weißes Speisefett, das aus dem Rückenspeck oder Bauchfett des Schweins ausgeschmolzen wird. Es ist bis etwa 160 °C erhitzbar und verleiht deftigen Gerichten mit Fleisch, Sauerkraut oder Kohl ein würziges Aroma.
- **Butter** hat einen Milchfettgehalt von mindestens 82%, außerdem enthält sie Wasser und Milcheiweiß. Aufgrund ihres Wasseranteils spritzt und schäumt sie bei Temperaturen um 175 °C. Deshalb eignet sich Butter nicht zum Braten und Frittieren, jedoch zum kurzen Anbraten bei mittlerer Hitze (z. B. für Eierspeisen oder Pfannkuchen).
- **Pflanzenmargarine** enthält bis zu 98% pflanzliche Fette. Das Streichfett wird wie Butter verwendet, ist aber nur für Temperaturen bis 175 °C als Bratfett geeignet. Wegen ihres hohen Wasseranteils spritzt Margarine beim Braten bei starker Hitze.
- **Ghee** ist die asiatische Variante des Butterschmalzes – wegen seiner Hitzebeständigkeit wird es vor allem zum Braten und Frittieren eingesetzt.
- **Raffinierte Öle**, z. B. Raps- und Maiskeimöl, erreichen ihren Rauchpunkt bei etwa 200 °C, Soja-, Erdnuss- und Olivenöl bei etwa 220 °C.
- **Natives Olivenöl** hat einen intensiven, aromatischen Geschmack und ist für das sanfte Braten von mediterranem Gemüse wie Zucchini oder Auberginen empfehlenswert. Beim Anbraten darf es nicht höher als 180 °C erhitzt werden, sonst verliert es an Geschmack und verbrennt. Im Gegensatz dazu ist raffiniertes Olivenöl bis 220 °C hitzestabil.

Kokosfett · Butterschmalz · Schweineschmalz · Butter · Margarine

Einleitung

Die besten Brat-Tipps

- **Zum Anbraten** die Pfanne bei mittlerer bis starker Hitze heiß werden lassen, dann das Öl oder Fett hineingeben und kurz erhitzen; nicht überhitzen!
- **Die richtige Brattemperatur** ist erreicht, wenn sich an einem Pfannenwender, der ins heiße Fett gehalten wird, kleine Bläschen zeigen. Oder wenn ein Stückchen Fleisch oder Gemüse im heißen Fett sofort zu brutzeln anfängt.
- **Bratvorgang abbrechen**, sobald Fett oder Öl zu rauchen beginnt. Es bilden sich gesundheitsschädliche Stoffe.
- **Fleisch oder Fisch** vor dem Braten mit Küchenpapier gut trocken tupfen, damit das heiße Fett wenig oder gar nicht spritzt.
- Nach Möglichkeit **Fleisch zum Kurzbraten** 30–60 Minuten vorher aus dem Kühlschrank nehmen, damit es beim Anbraten Raumtemperatur hat. So brät es schneller.
- **Fleisch vor dem Anbraten** würzen, aber erst danach salzen. Der Grund: Salz entzieht dem rohen Fleisch Saft.
- **Fisch** vor dem Braten in Mehl oder Semmelbröseln wenden. So bleibt er beim Braten schön saftig und trocknet nicht aus.
- **Kleingeschnittenes Fleisch und Gemüse** (z. B. in Streifen geschnittenes Fleisch) in kleinen Mengen portionsweise in der Pfanne braten, sonst sammelt sich zu viel Wasser an, und aus dem Bratvorgang wird ein Dünsten.

Pfannenrühren im Wok

- Erst den **Wok erhitzen**, dann das Bratöl darin ausreichend heiß werden lassen.
- Voraussetzung fürs **Rührbraten**: Alle Zutaten vor dem Braten klein schneiden und in Schüsseln neben den Wok bereitstellen, ebenso Saucen und Gewürze – während des Pfannenrührens bleibt für Vorbereitungen keine Zeit.

RAUCHPUNKT FÜR FETTE UND ÖLE

Fette und Öle	Rauchpunkt	Verwendung
Kaltgepresste Öle (z. B. natives Olivenöl, Walnuss- oder Kürbiskernöl)	etwa 130 °C	Für Salate, zum Dünsten oder Braten bei schwacher Hitze gut geeignet.
Schweineschmalz	etwa 160 °C	Für Pfannengerichte mit Fleisch und Kohl. Nicht zu stark erhitzen.
Butter/Margarine	etwa 175 °C	Nur zum Braten bei schwacher Hitze (z. B. Pfannkuchen).
Butterschmalz und raffinierte Öle (z. B. Raps-, Maiskeimöl)	etwa 200 °C	Zum Braten bei mittlerer Hitze (z. B. Bratkartoffeln, zartes Fleisch, Fisch).
Raffinierte Öle (z. B. Sonnenblumen-, Soja-, Erdnuss-, Olivenöl)	etwa 220 °C	Zum Braten bei mittlerer bis starker Hitze (z. B. im Wok).
Palmfett/Kokosfett	etwa 280 °C	Bei sehr starker Hitze (z. B. Frittieren, scharfes Anbraten).

- Berücksichtigen Sie beim Braten im Wok die jeweilige **Struktur der Zutaten**, die die Gardauer beeinflusst. Das bedeutet: Fleisch zuerst anbraten, dann aus dem Wok nehmen oder an den Rand schieben. Feste Gemüsesorten (z. B. Möhren, Brokkoli) stets vor weicheren Gemüsesorten (z. B. Zucchini, Pilze, Sprossen) in den Wok geben.
- Größere Mengen immer **portionsweise braten**, damit sich beim scharfen Anbraten die typischen Röst- und Geschmacksstoffe bilden. Liegen die Zutaten mehr über- als nebeneinander im Wok, wird aus dem Braten eher ein Dünsten.
- Geben Sie **Sojasauce** oder andere **Würzsaucen** immer erst zum Schluss an das Gericht. Diese Zutaten könnten sonst leicht anbrennen.

Ghee — Olivenöl — Rapsöl

Gemüse und Fleisch perfekt klein schneiden

Das Schneiden nimmt in der schnellen Küche einen wichtigen Platz ein, vor allem beim Braten in Pfanne oder Wok. Hier erfahren Sie, welche Schnitttechniken und -formen sich für Gemüse und Fleisch eignen.

Fein geschnitten – halb gegart

Klein geschnittene Zutaten lassen sich leicht in Wok oder Pfanne wenden und rühren, vor allem garen sie schneller als größere Stücke. Darüber hinaus können sich Geschmack und Aroma während des Garens besser entwickeln, da die Gewürze auf eine größere Oberfläche einwirken.

Entscheidend für die Schnitttechnik einer Zutat ist seine Struktur. Generell gilt: Je fester eine Zutat ist, desto stärker sollte sie zerkleinert werden, und je zarter sie ist, desto größer sollten die Stücke sein. Aus diesem Grund werden Gemüse wie Möhren oder Paprika in feine Streifen, weichere Zutaten wie Pilze, Fisch oder Hähnchenfilet jedoch in Hälften oder Viertel bzw. in mundgerechte Stücke geschnitten. Ebenso gilt: Auch die Art des Garens bestimmt die Schnittform. Zum Ausbacken zerteilt man Gemüse oder Fisch meist nur grob, zum Braten, Pfannenrühren oder Dämpfen kleiner.

Ob Scheiben, Streifen oder Würfel – in der Regel sollten die Zutaten eines Gerichts in etwa gleich geschnitten sein. So garen sie gleichmäßig, und das fertige Gericht bietet einen harmonischen Anblick.

Der geniale Profihobel

Wer in 30 Minuten ein Essen fix und fertig auf den Tisch bringen möchte, hat keine Zeit zu verschenken – dennoch soll das Gericht attraktiv aussehen. Dabei leistet ein Gemüsehobel, auch Mandoline genannt, gute Dienste. Hauchzarte Scheiben, feine Streifen, Stäbchen wie Pommes frites oder Würfel: Der Profihobel sorgt in der Küche immer für einen erstklassigen Schnitt. Die Klingen lassen sich austauschen, die Schnittstärke lässt sich variieren, und ein Restehalter schützt die Hand.

Gemüse in Scheiben schneiden

Festere Gemüsesorten wie Gurken, Möhren und Stangensellerie lassen sich mit einem Gurken- oder Gemüsehobel schnell in gerade oder schräge Scheiben schneiden. Je dünner die Scheiben sind, desto kürzer ist die Garzeit. Positiver Nebeneffekt: So bleiben auch mehr Vitamine und andere Nährstoffe im Gericht erhalten.

Gemüse in Streifen schneiden

Dies ist eine besonders dekorative Art, Zutaten zu zerkleinern: Für feine Streifen hobeln Sie Gemüse wie Möhren oder Sellerie zuerst in gleichmäßig dünne Scheiben; dann die Scheiben aufeinanderstapeln und mit einem scharfen Küchenmesser in streichholzfeine Streifen schneiden. Alternativ können Sie, falls vorhanden, den Julienneaufsatz des Hobels verwenden.

Zutaten würfeln

Hier gilt die Grundregel: Je fester die Struktur einer Zutat, desto feiner muss sie gewürfelt werden. Das bedeutet also: Schneiden Sie beispielsweise Hähnchenbrust- oder Fischfilet in größere Würfel als Rindfleisch mit festerer Struktur, und würfeln Sie frische Ingwerwurzel, Knoblauchzehen und Chilischoten sehr fein, Lauch dagegen etwas gröber.

Wichtig: Hacken Sie frische Würzzutaten nicht, sonst verfliegen die in ihnen enthaltenen ätherischen Öle. Für exakt gleichmäßige Würfel verfahren Sie wie oben bei „Gemüse in Scheiben schneiden" beschrieben: Die Zutaten erst in Scheiben in der gewünschten Würfelstärke, dann längs in Streifen und diese quer in Würfel schneiden.

Fleisch schneiden

Schneiden Sie Fleisch stets quer zur Faser – egal ob es sich um festeres Schnitzel, zartes Filet oder Minutensteak handelt. Nur so werden die Fleischstreifen beim Braten wirklich zart. Parallel zur Faser geschnittene Fleischstücke oder -streifen verlieren während des Bratens wertvollen Fleischsaft. Die Folge: Sie schrumpfen im Wok oder in der Pfanne und werden zäh.

Tipp: Gut gekühltes oder leicht angefrorenes Fleisch und Geflügel lassen sich besonders leicht in dünne Scheiben oder Stücke schneiden. Verwenden Sie immer ein Messer mit scharfer Klinge.

Zeitspar-Tipps für die Blitzküche

Wer im Voraus plant und gezielt einkauft, Zutaten geschickt kombiniert und auf moderne Küchenhelfer zurückgreift, kann viel Zeit sparen.

- **TK-Produkte verwenden** Neben frischen Zutaten auch Gemüse, Früchte und Kräuter aus der Tiefkühltruhe einplanen. Die Produkte können direkt aus der Packung verwendet werden – das erspart die Vorbereitung der Zutaten.
- **TK-Gemüse selber vorbereiten** Verschiedene Gemüsesorten nach Wahl, z. B. Möhren, Brokkoli, Blumenkohl und grüne Bohnen, putzen, klein schneiden, blanchieren und abtropfen lassen. In Gefrierbeuteln portionsweise einfrieren. Ideal als Grundlage für Wok- und Pfannengerichte.
- **Praktische Kleingeräte einsetzen** Ein scharfes Küchenmesser schneidet alles kurz und klein. Aber mit speziellen Geräten wie Gemüsehobel (siehe Kasten linke Seite unten), Knoblauchpresse, Blitzhacker, Wiegemesser oder Zestenreißer gehen spezielle Schnitte flotter von der Hand.
- **Gewürzmischungen verwenden** Mit Mischungen wie Curry- und Chilipulver sowie Gyrosgewürz und asiatischen Würzsaucen (z. B. Soja-, Austern- oder Chilisauce) lassen sich mit wenigen Handgriffen raffinierte Pfannen- und Wokgerichte zubereiten.
- **Beim Kochen klug planen** Bei mehreren Teilschritten für ein Gericht nicht alles nacheinander zubereiten, sondern gleichzeitig kochen. Während der Reis gart, können Sie z. B. Fleisch und Gemüse vor- und zubereiten.
- **Zutaten bereitstellen** Bevor Sie mit dem Braten beginnen, sollten alle Zutaten abgewogen neben dem Herd parat stehen. Das spart Zeit und lästige Suchaktionen während des Kochvorgangs.

Klein geschnittenes frisches Gemüse, nach Belieben Fleisch oder Fisch in Streifen oder Würfeln, dazu passende Gewürze und Kräuter und ein wenig Öl – daraus entstehen in Wok oder Pfanne köstliche Gerichte ohne großen Aufwand. Probieren Sie z. B. Pilzpfanne mit Ciabatta-Croûtons, Entenbrust mit Orangen-Sherry-Sauce, Rindergeschnetzeltes mit grünen Bohnen, Fisch-Garnelen-Pfanne süßsauer oder auch gebratenen Vanille-Grieß.

Aus Wok und Pfanne

Zubereiten: 30 Minuten
Spitzkohl mit Kabanossi

Für 4 Portionen

- 600 g Spitzkohl
- 1 Zwiebel
- 2 Knoblauchzehen
- 1 rote Chilischote
- 300 g Kabanossi
- 3 EL Öl
- 1 EL edelsüßes Paprikapulver
- 2 TL rosenscharfes Paprikapulver
- 2 EL Tomatenmark
- 250 ml Rinderbrühe
- 250 g abgetropfte Tomatenpaprika (Glas)
- ½ Bund Petersilie
- Salz
- frisch gemahlener Pfeffer

Pro Portion:
380 kcal; 15 g Eiweiß; 8 g Kohlenhydrate; 32 g Fett; 6,5 g Ballaststoffe

1. Den Spitzkohl waschen, putzen und die dicken Blattrippen entfernen. Den Kohl in mundgerechte Stücke schneiden. Die Zwiebel schälen, halbieren und in feine Halbringe schneiden. Knoblauch schälen und fein würfeln. Chilischote putzen, längs aufschneiden, entkernen und in dünne Halbringe schneiden.

2. Die Kabanossi längs halbieren und in dünne Scheiben schneiden. Das Öl in einer großen Pfanne erhitzen. Die Wurstscheiben darin bei mittlerer Hitze 2–3 Minuten braten; herausnehmen. Anschließend Zwiebel, Knoblauch und Chili im verbliebenen Fett in der Pfanne 2 Minuten braten.

3. Kohl hinzufügen und 2–3 Minuten unter Wenden mitbraten. Beide Sorten Paprikapulver darüberstreuen, Tomatenmark unterrühren; kurz anschwitzen. Die Brühe dazugießen und alles 5 Minuten köcheln lassen.

4. Inzwischen die Tomatenpaprika in 1 cm breite Streifen schneiden. Mit den Wurstscheiben unter den Kohl heben und alles 2–3 Minuten ziehen lassen.

5. Die Petersilie waschen und trocken schütteln. Blätter abzupfen und hacken. Das Gericht mit Salz und Pfeffer würzen und mit der Petersilie bestreuen.

Das schmeckt dazu
Salzkartoffeln oder Kartoffelpüree passen als Beilage wunderbar zu diesem Gericht.

Alternative
Die herzhafte Kohlpfanne schmeckt auch sehr gut mit Sauerkraut statt mit Spitzkohl. Wer mag, kann das Gericht dann noch mit 1–2 TL Zucker oder Honig abschmecken.

Variante: Scharfer Kohl mit Cashewkernen

2 EL grob gehackte Cashewkerne in einer Pfanne goldbraun rösten. Herausnehmen und abkühlen lassen. 3 EL Öl in der Pfanne heiß werden lassen. 400 g in Streifen geschnittenen Weißkohl und 200 g in sehr feine Streifen geschnittene Möhren darin bei starker Hitze 2 Minuten unter Rühren braten. 2 Knoblauchzehen in Scheiben schneiden und 30 Sekunden mitbraten. Drei in Ringe geschnittene Frühlingszwiebeln hinzufügen und 1–2 Minuten mitbraten. Das Gericht mit 1–2 EL Sojasauce und 2 TL Sambal Oelek abschmecken. Mit den Cashewkernen bestreuen und mit Reis servieren.

Mit Gemüse, Pilzen und Kartoffeln

Aus Wok und Pfanne

Mit Gemüse, Pilzen und Kartoffeln

Zubereiten: 20 Minuten

Gebratener Spinat mit Speck

Für 4 Portionen

- 2 EL Pinienkerne
- 1,2 kg Wurzelspinat
- 2 Zwiebeln
- 2 Knoblauchzehen
- 1 EL Olivenöl
- 1 EL Butter
- 100 g durchwachsener Speck, in feinen Streifen (Kühlregal)
- Salz
- frisch gemahlener Pfeffer
- frisch geriebene Muskatnuss
- ½ TL abgeriebene Schale von 1 unbehandelten Zitrone
- 2 EL Zitronensaft

Pro Portion:
165 kcal; 13 g Eiweiß; 3 g Kohlenhydrate; 10 g Fett; 7,5 g Ballaststoffe

1. Die Pinienkerne in einer trockenen Pfanne ohne Fett goldbraun rösten. Vom Herd nehmen und abkühlen lassen.

2. Inzwischen den Spinat verlesen und putzen. Gründlich waschen, gut abtropfen lassen und grob hacken. Zwiebeln schälen, halbieren und in feine Halbringe schneiden. Knoblauch schälen und sehr fein würfeln.

3. Öl und Butter in einer großen Pfanne erhitzen. Den Speck darin knusprig ausbraten. Zwiebeln und Knoblauch dazugeben und 3 Minuten mitbraten, bis die Zwiebeln glasig sind.

4. Den Spinat hinzufügen und bei mittlerer Hitze in 2–3 Minuten unter Wenden zusammenfallen lassen. Das Gericht mit Salz, Pfeffer, Muskat, Zitronenschale und Zitronensaft würzen. Mit den gerösteten Pinienkernen bestreuen.

Das schmeckt dazu

Der gebratene Spinat wird mit Spiegeleiern und Bratkartoffeln zu einer kompletten Mahlzeit. Als Beilage schmeckt das Gericht ausgezeichnet zu kurzgebratenem Fleisch wie Kalbs- oder Putenschnitzeln und zu gebratenem oder gegrilltem Fisch wie Wolfsbarsch, Forelle oder Lachsfilet.

Mit scharfer Note

Wer mag, kann den Spinat noch zusätzlich schärfen: Dafür zwei entkernte rote Chilischoten fein würfeln und mit Zwiebeln und Knoblauch in der Pfanne anbraten.

So geht's noch schneller

Den frischen Wurzelspinat durch 750 g TK-Blattspinat ersetzen. Den gefrorenen Spinat nach Packungsangabe auftauen lassen, ausdrücken und nach Belieben grob hacken.

Variante: Pfannengerührter Sesam-Spinat

Den Spinat wie im Rezept beschrieben vorbereiten. 2 EL Sesamsamen in einer kleinen Pfanne ohne Fett goldbraun rösten; herausnehmen und abkühlen lassen. 4 EL Öl und 1 EL Sesamöl im Wok oder in einer großen Pfanne erhitzen. 75 g in sehr feine Streifen geschnittenen Ingwer darin kurz anbraten. Spinat dazugeben und unter ständigem Wenden in 2–3 Minuten zusammenfallen lassen. Mit 100 ml Teriyaki-Sauce ablöschen und mit Salz und Pfeffer würzen. Nach Belieben noch 200 g Räuchertofu in kleine Würfel schneiden, unter den Spinat heben und 1–2 Minuten ziehen lassen. Den Spinat mit dem Sesam bestreuen. Dazu schmeckt Jasminreis.

Aus Wok und Pfanne

Mit Gemüse, Pilzen und Kartoffeln

Zubereiten: 20 Minuten

Pfannengemüse mit Schafskäse und Joghurt

Für 4 Portionen

Salz
500 g Blumenkohl
450 g TK-grüne-Bohnen
300 g Zucchini
300 g Möhren
1 Gemüsezwiebel
2 Knoblauchzehen
5 EL Olivenöl
1–2 EL Gyrosgewürz
Salz
frisch gemahlener Pfeffer
200 g griechischer Schafskäse (z. B. Feta)
½ TL Pulbiber (scharfe Paprikaflocken) oder rosenscharfes Paprikapulver
200 g griechischer Sahnejoghurt

Pro Portion:
345 kcal; 19 g Eiweiß; 15 g Kohlenhydrate; 23 g Fett; 11 g Ballaststoffe

1. In einem Topf reichlich Salzwasser aufkochen. Inzwischen den Blumenkohl waschen, putzen und in Röschen schneiden. Die gefrorenen Bohnen und den Blumenkohl im kochenden Wasser 4–5 Minuten garen. Abgießen, abschrecken und gut abtropfen lassen.

2. Zucchini putzen, waschen und in ½ cm dicke Scheiben schneiden. Möhren putzen, schälen und in dünne Scheiben hobeln oder schneiden. Zwiebel schälen, halbieren und in Streifen schneiden. Knoblauch schälen und würfeln.

3. Das Öl in einer großen Pfanne erhitzen. Zwiebel und Möhren darin etwa 5 Minuten unter Wenden braten. Zucchini, Bohnen, Blumenkohl und Knoblauch hinzufügen; alles noch 2–3 Minuten braten, dabei rühren. Das Gemüse mit Gyrosgewürz, Salz und Pfeffer würzen; 2 Minuten durchziehen lassen.

4. Inzwischen den Schafskäse klein würfeln und auf dem Gemüse verteilen. Mit Paprikaflocken oder -pulver bestreuen. Die Gemüsepfanne auf Tellern mit etwas Joghurt darauf anrichten.

Das schmeckt dazu

Sesam-Fladenbrot passt prima zur würzigen Gemüsepfanne. Auch gut dazu sind griechische Tomaten-Nudeln: Dafür 300 g Kritharaki (reiskornförmige Nudeln) in Olivenöl glasig braten, je 500 ml Tomatensaft und Gemüsebrühe dazugießen und zugedeckt bei schwacher Hitze 15 Minuten garen. Salzen und pfeffern.

So geht's noch schneller

Statt des frischen Gemüses 1 kg gemischtes TK-Pfannengemüse (nach französischer, italienischer oder griechischer Art) verwenden. Nach Packungsangabe braten und wie beschrieben würzen. Mit Tsatziki-Quark aus dem Kühlregal anrichten.

Variante: Wokgemüse mit Tofu

Aus 2 EL Sojasauce und 2 EL süß-scharfer Chilisauce eine Marinade rühren, 300 g in Würfel geschnittenen Tofu darin marinieren. Inzwischen 2 cm frischen Ingwer (etwa 20 g) schälen und klein würfeln. 4 EL Öl im Wok erhitzen. Den Tofu aus der Marinade heben und trocken tupfen. Im Öl rundherum in 3–4 Minuten knusprig braten; herausnehmen. Gemüse und Knoblauch wie oben beschrieben (Schritt 3) im Wok braten. (Alternativ 1 kg TK-Wokgemüse nach Packungsangabe garen.) 150 ml Gemüsebrühe, 3 EL Sojasauce und die Tofu-Marinade dazugießen. Einmal aufkochen lassen; Tofu unterheben. Mit Pfeffer würzen und mit Koriandergrün bestreuen. Dazu passt Jasminreis.

Aus Wok und Pfanne

Zubereiten: 25 Minuten

Gurkenpfanne mit Mais

Für 4 Portionen

| 1 kg unbehandelte Salatgurken |
| 200 g Möhren |
| 1 grüne Paprikaschote |
| 1 Dose Maiskörner (Abtropfgewicht 285 g) |
| 4 Schalotten |
| 2 TL gelbe Senfkörner |
| 2 TL Koriandersamen |
| 2 EL Olivenöl |
| Salz |
| frisch gemahlener Pfeffer |
| ½ Bund Schnittlauch |

Pro Portion:
145 kcal; 5 g Eiweiß; 16 g Kohlenhydrate; 7 g Fett; 6,5 g Ballaststoffe

1. Gurken waschen, trocken reiben und nach Belieben schälen. Längs halbieren und die Kerne mit einem Löffel aus den Gurkenhälften kratzen. Die Hälften quer in ½ cm dicke Scheiben schneiden.

2. Möhren putzen, schälen, längs halbieren und schräg in Scheiben schneiden. Paprikaschote vierteln, putzen und waschen. Die Viertel quer in 1 cm breite Streifen schneiden. Mais abgießen und gut abtropfen lassen. Schalotten schälen und vierteln.

3. Senf- und Korianderkörner im Mörser grob zerstoßen. Eine große Pfanne heiß werden lassen und die Gewürze darin kurz rösten, bis sie knistern. Öl hinzufügen und erhitzen.

4. Die Schalotten, die Möhren und die Paprika in der Pfanne unter ständigem Rühren 3–4 Minuten braten. Gurkenscheiben und Mais untermischen; alles 4 Minuten weiterbraten, dann salzen und pfeffern.

5. Den Schnittlauch abbrausen, trocken schütteln und in feine Röllchen schneiden. Die Gurkenpfanne mit Schnittlauch bestreuen und servieren.

Das schmeckt dazu
Mit Fladenbrot und Tomaten-Joghurt-Dip dazu entsteht ein sättigendes Gericht. Für den Dip etwa 200 g kalte Tomatensauce (Fertigprodukt oder selbst gemacht) mit 200 g Joghurt, etwas Limettensaft, Salz und Pfeffer sowie gehackter Minze verrühren.

Dazu passt
Statt als vegetarisches Hauptgericht können Sie die Gurkenpfanne sehr gut als Beilage zu kurzgebratenem Fleisch wie Hähnchen- oder Putenbrustfilet servieren.

Variante: Gurken-Erdnuss-Pfanne

Gurken, Möhren und Paprika wie oben beschrieben vorbereiten (Schritte 1–2). 2 EL Öl in einer großen Pfanne erhitzen. Möhren, Paprika, 1 EL gehackten Ingwer, eine gehackte Knoblauchzehe und eine rote gewürfelte Chilischote (ohne Kerne) darin 3 Minuten unter Rühren braten. Gurken, Mais und drei in Stücke geschnittene Frühlingszwiebeln 2–3 Minuten mitbraten. 125 ml Gemüsebrühe mit 2 EL Erdnusscreme mit Stückchen („crunchy") und 2 EL Sojasauce verrühren. Untermischen und einmal aufkochen lassen. Salzen, pfeffern und mit 1–2 EL Limettensaft würzen. Mit gehackten gerösteten, gesalzenen Erdnüssen bestreuen. Dazu schmeckt Reis.

Mit Gemüse, Pilzen und Kartoffeln

Aus Wok und Pfanne

Zubereiten: 20 Minuten

Chopsuey vegetarisch

Für 4 Portionen

1 rote und 1 gelbe Paprikaschote
2 Stangen Sellerie
200 g Zuckerschoten
500 g Mungobohnensprossen
3 Frühlingszwiebeln
5 EL Sojasauce
2 EL Reiswein oder Sherry (fino)
1 EL Reis- oder Obstessig
½ TL Speisestärke
2 EL Öl
170 g abgetropfte Bambussprossen in Streifen (Dose)
Salz
frisch gemahlener Pfeffer

Pro Portion:
160 kcal; 10 g Eiweiß; 13 g Kohlenhydrate; 7 g Fett; 15,5 g Ballaststoffe

1. Paprikaschoten vierteln, putzen, waschen und in feine Streifen schneiden. Sellerie waschen, putzen und in streichholzlange, feine Streifen schneiden. Zuckerschoten waschen und schräg halbieren. Sprossen abbrausen und gut abtropfen lassen. Frühlingszwiebeln waschen, putzen und in feine Ringe schneiden.

2. In einer kleinen Schüssel Sojasauce mit Reiswein oder Sherry sowie Essig und Stärke gründlich verquirlen.

3. Das Öl im Wok heiß werden lassen. Paprika, Sellerie und Zuckerschoten darin bei starker Hitze 3 Minuten unter Rühren braten; Bohnen- und Bambussprossen sowie Frühlingszwiebeln hinzufügen; alles noch 1–2 Minuten braten.

4. Die Sojasauce-Stärke-Mischung unter Rühren dazugießen. Chopsuey aufkochen und 2 Minuten köcheln lassen. Mit Salz und Pfeffer würzen.

Das schmeckt dazu
Basmati- oder Jasminreis passen sehr gut zu dem asiatischen Gemüse. Wer mehr Zeit hat, kann Tofu-Schnitzel dazu servieren: Dafür 400 g Tofu in ½ cm dicke Scheiben schneiden. Auf beiden Seiten salzen und pfeffern, in Mehl wenden, dann durch verquirltes Ei ziehen und mit Sesamsamen panieren. Die Tofu-Schnitzel in heißem Öl auf jeder Seite in etwa 1 Minute goldbraun braten.

So geht's noch schneller
Sie sparen Zeit beim Vorbereiten, wenn Sie statt des frischen Gemüses etwa 1 kg asiatisches TK-Pfannengemüse (möglichst naturell) verwenden. Nach Packungsangabe in Wok oder Pfanne braten und wie im Rezept beschrieben würzen.

Variante: **Thai-Curry-Gemüse**

Das Gemüse wie im Rezept beschrieben vorbereiten (Schritt 1). Das Öl im Wok erhitzen und das Gemüse darin nacheinander unter Rühren anbraten. Zum Schluss 1–2 TL gelbe Thai-Currypaste kurz mitbraten. 300 ml Kokosmilch (Dose) dazugießen. Die Mischung mit 2 EL Fischsauce, Pfeffer und Zucker abschmecken; 2–3 Minuten köcheln lassen. Nach Belieben mit Koriandergrün bestreuen. Dazu passt Basmati- oder Jasminreis.

Mit Gemüse, Pilzen und Kartoffeln

Aus Wok und Pfanne

Mit Gemüse, Pilzen und Kartoffeln

Zubereiten: 25 Minuten

Gebratene Auberginen mit Ajvar-Joghurt-Sauce

Für 4 Portionen

2 Auberginen (je etwa 300 g)
250 ml Olivenöl
300 g griechischer Sahnejoghurt
2 TL Mehl
2 EL pikanter Ajvar
2 Schalotten
2 Knoblauchzehen
Salz
frisch gemahlener Pfeffer
1 Prise Zucker
½ Bund Petersilie

Pro Portion:
350 kcal; 5 g Eiweiß; 7 g Kohlenhydrate; 33 g Fett; 3,5 g Ballaststoffe

1. Die Auberginen putzen, waschen und in etwa ½ cm dicke Scheiben schneiden. Das Öl in einer großen Pfanne erhitzen. Auberginenscheiben darin bei mittlerer Hitze portionsweise auf beiden Seiten in 3 Minuten goldbraun braten. Auf Küchenpapier abtropfen lassen. Zugedeckt warm halten.

2. Den Joghurt mit Mehl und Ajvar gründlich verrühren. Schalotten und Knoblauch schälen und fein würfeln.

3. Das Öl, bis auf 2 EL, aus der Pfanne abgießen. Schalotten und Knoblauch im verbliebenen Öl kurz braten. Den Ajvar-Joghurt unterrühren. Aufkochen und 2–3 Minuten köcheln lassen. Mit Salz und Pfeffer würzen.

4. Die gebratenen Auberginen in die Sauce geben. Mit Zucker würzen und noch 2 Minuten ziehen lassen.

5. Inzwischen die Petersilie waschen und trocken schütteln. Die Blätter abzupfen und hacken. Die Auberginen vor dem Servieren mit der Petersilie bestreuen.

Das schmeckt dazu
Zum Gemüse mit Ajvar-Joghurt-Sauce schmeckt am besten weißer Reis. Wer es eilig hat, kann dazu einfach Sesam-Fladenbrot oder Ciabatta servieren.

So geht's noch schneller
Beim Braten können Sie Zeit sparen, wenn Sie die Auberginenscheiben gleichzeitig in zwei großen Pfannen brutzeln.

Variante: Auberginen-Curry mit Joghurt

Die Auberginen in 2 cm große Würfel schneiden. 4 EL Öl im Wok erhitzen. Eine gehackte Zwiebeln darin glasig braten. Auberginen dazugeben und unter Wenden 5 Minuten mitbraten. 1 EL scharfes Currypulver darüberstäuben und kurz anschwitzen. 200 ml Gemüsebrühe dazugießen. 400 g gehackte Tomaten (Dose) untermischen. Alles offen 10 Minuten köcheln lassen. 200 g Sahnejoghurt mit 1 TL Speisestärke verrühren. 240 g abgetropfte Kichererbsen (Dose) und die Joghurtmischung zum Curry geben; aufkochen lassen. Mit Salz, Pfeffer und 1–2 EL Limettensaft würzen. Mit gehackter Petersilie bestreuen und servieren.

Aus Wok und Pfanne

Mit Gemüse, Pilzen und Kartoffeln

Zubereiten: 25 Minuten

Linsencurry mit grünen Bohnen

Für 4 Portionen

Salz
450 g TK-grüne Bohnen
400 g Mandel-Sesam-Tofu (Reformhaus)
1 Bund Frühlingszwiebeln
2 Knoblauchzehen
4 EL Öl
200 g rote Linsen
4 TL scharfes Currypulver
½ TL gemahlener Kreuzkümmel
frisch gemahlener Pfeffer
400 ml Kokosmilch

Pro Portion:
600 kcal; 35 g Eiweiß; 27 g Kohlenhydrate; 40 g Fett; 5 g Ballaststoffe

1. Reichlich Salzwasser in einem Topf aufkochen lassen. Die gefrorenen Bohnen hineingeben, das Wasser erneut aufkochen lassen und die Bohnen 5 Minuten garen. Abgießen, eiskalt abschrecken und abtropfen lassen.

2. Inzwischen den Tofu trocken tupfen und in 2 cm große Würfel schneiden. Die Frühlingszwiebeln waschen und putzen; längs halbieren und schräg in etwa 3 cm große Stücke schneiden. Knoblauch schälen und fein würfeln.

3. In einer großen Pfanne oder im Wok 2 EL Öl erhitzen. Den Tofu darin bei starker Hitze rundherum in 4 Minuten goldbraun anbraten und herausnehmen; zugedeckt beiseitestellen.

4. Das übrige Öl (2 EL) in Pfanne oder Wok erhitzen. Frühlingszwiebeln und Knoblauch darin 1 Minute unter Wenden braten.

5. Linsen und Bohnen hinzufügen, mit Curry und Kreuzkümmel bestreuen und kurz anschwitzen. Salzen und pfeffern. Die Kokosmilch dazugießen; alles offen 5 Minuten köcheln lassen.

6. Den Tofu unter das Linsen-Curry heben und das Curry bei schwacher Hitze weitere 2–3 Minuten ziehen lassen. Mit Basmatireis servieren.

Alternative
Beim Gemüse können Sie variieren. Probieren Sie das Curry statt mit Bohnen mit anderen festen Sorten wie Möhren, Kohlrabi, Fenchel oder Spargel (sie sollten ebenfalls vorab blanchiert werden; siehe Schritt 1).

Frische-Kick mit Kräutern
Koriandergrün oder Minze, auch Schnittlauch oder Petersilie geben dem Curry eine frische Note. Am besten erst kurz vor dem Servieren unterheben, damit das Kräuteraroma nicht verfliegt.

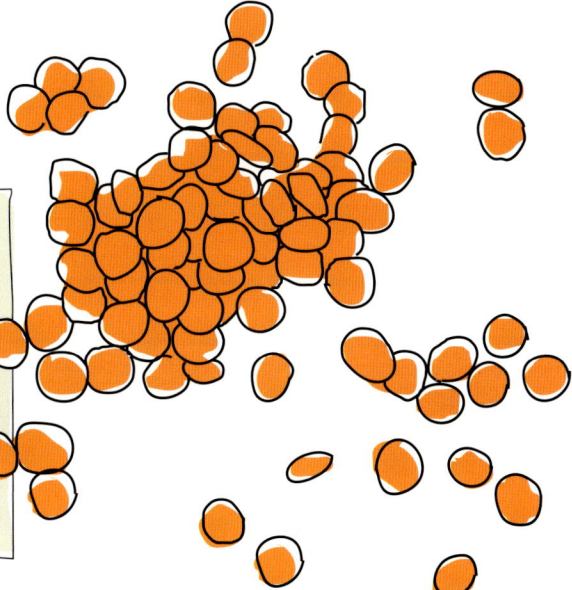

Variante: Linsengemüse aus der Pfanne

2 EL Olivenöl in einer großen Pfanne erhitzen. 500 g zerkleinertes Suppengrün und drei geviertelte Schalotten darin bei starker Hitze 5 Minuten unter Wenden braten. Eine gehackte Knoblauchzehe und 1 EL Zucker hinzufügen; alles 2 Minuten unter Wenden braten. Etwa 500 g abgetropfte Linsen (2 Dosen) mit 1 TL getrocknetem Majoran unter das Gemüse mischen. 5 EL Apfelessig unterrühren und alles 2 Minuten bei schwacher Hitze dünsten. Mit Salz und Pfeffer kräftig würzen. Gehackte Petersilie unterheben. Dazu passen Kartoffelpüree und Kasseler.

Aus Wok und Pfanne

Zubereiten: 25 Minuten

Bunte Gemüsepfanne mit Kichererbsen

Für 4 Portionen

- 1 Dose Kichererbsen (Abtropfgewicht 265 g)
- 2 dünne Stangen Lauch
- 400 g rote, gelbe und grüne Spitzpaprikaschoten
- 2 Knoblauchzehen
- 400 g feste Tomaten
- 4 EL Olivenöl
- 2 TL edelsüßes Paprikapulver
- 1 TL rosenscharfes Paprikapulver
- 1 TL gemahlener Kreuzkümmel
- Salz
- frisch gemahlener Pfeffer
- 1–2 EL Zitronensaft
- ½ Bund Petersilie

Pro Portion:
225 kcal; 9 g Eiweiß; 19 g Kohlenhydrate; 13 g Fett; 9 g Ballaststoffe

1. Die Kichererbsen in ein Sieb schütten, kalt abbrausen und gut abtropfen lassen. Lauch putzen, längs aufschneiden und gründlich waschen; schräg in ½ cm breite Scheiben schneiden.

2. Die Paprikaschoten halbieren, entkernen, waschen und quer in 1 cm breite Streifen schneiden. Den Knoblauch schälen und fein würfeln. Die Tomaten waschen, halbieren, entkernen und in feine Streifen schneiden.

3. Das Öl im Wok oder in einer großen schweren Pfanne sehr heiß werden lassen. Lauch und Spitzpaprika darin unter ständigem Rühren 3–4 Minuten braten.

4. Beide Sorten Paprikapulver und den Kreuzkümmel hinzufügen; kurz anschwitzen. Anschließend Tomaten, Knoblauch und Kichererbsen untermischen; alles 4 Minuten unter Rühren weiterbraten. Mit Salz, Pfeffer und Zitronensaft würzen.

5. Die Petersilie waschen und trocken schütteln. Die Blätter abzupfen und grob hacken. Das Gericht damit bestreuen und servieren.

Das schmeckt dazu

Fladenbrot und Sesam-Joghurt harmonieren perfekt mit der orientalischen Gemüsepfanne. Für den Joghurt-Dip 300 g Joghurt und 100 g saure Sahne mit 2 EL Tahin (Sesampaste), Salz, Pfeffer sowie 1–2 TL Zitronensaft verrühren.

So geht's noch schneller

Statt mehrmals ins Gewürzregal zu greifen, reicht auch ein Handgriff: Scharfes und mildes Paprikapulver sowie Kreuzkümmel können Sie hier ganz einfach durch 1–2 EL Chilipulver (Gewürzmischung) ersetzen.

Variante: Kichererbsen und Rote Beten mit Apfel

2 EL Öl in einer großen Pfanne erhitzen. Drei in Ringe geschnittene Schalotten und vier in Stücke geschnittene Frühlingszwiebeln im Öl 3 Minuten braten. 500 g gewürfelte gegarte Rote Beten, 265 g abgetropfte Kichererbsen (1 Dose) und einen in Scheiben geschnittenen Apfel hinzufügen; alles 4 Minuten unter Rühren braten. Alles mit Salz, Pfeffer, 1 Prise Zucker und 1 EL Zitronensaft würzen. Mit Schnittlauchröllchen und (nach Belieben) mit Schafskäsewürfeln bestreuen und mit Sesam-Fladenbrot servieren.

Mit Gemüse, Pilzen und Kartoffeln

Aus Wok und Pfanne

Zubereiten: 30 Minuten

Kürbis-Maronen-Pfanne

Für 4 Portionen

1 Hokkaidokürbis (etwa 800 g)
2 Zwiebeln
4 EL Olivenöl
½ Bund Petersilie
400 g gegarte Maronen (vakuumiert)
1 TL rosenscharfes Paprikapulver
Salz
frisch gemahlener Pfeffer
200 g Joghurt

Pro Portion:
350 kcal; 7 g Eiweiß; 48 g Kohlenhydrate; 14 g Fett; 10 g Ballaststoffe

1. Den Kürbis waschen, abtrocknen und halbieren. Die Kerne samt anhängenden Fasern mit einem Esslöffel herausschaben.

2. Den Kürbis mit Schale in 2 cm dicke Spalten, dann quer in kleine Stücke schneiden. Die Zwiebeln schälen und fein würfeln.

3. In einer großen Pfanne das Öl erhitzen. Die Kürbiswürfel darin bei mittlerer Hitze unter Wenden in 10 Minuten goldbraun braten.

4. Inzwischen die Petersilie waschen und trocken schütteln, die Blätter abzupfen und hacken.

5. Die Zwiebelwürfel und die gegarten Maronen unter den Kürbis mischen und alles 3–4 Minuten unter gelegentlichem Wenden braten, bis die Zwiebeln glasig sind. Das Gericht mit Paprikapulver, Salz und Pfeffer würzen. Die Petersilie untermischen. Mit dem Joghurt servieren.

Das schmeckt dazu
Knuspriges Baguette oder frisches Sesam-Fladenbrot sind passende Beilagen.

Alternative
Für eine italienische Variante das Paprikapulver durch 1 TL getrockneten Thymian ersetzen und das Gericht nicht mit Joghurt servieren, sondern mit 50 g in Späne gehobeltem italienischem Hartkäse (z. B. Parmesan oder Grana padano) bestreuen.

Variante: **Kürbis-Kartoffel-Omelett**

350 g Hokkaidokürbis vorbereiten (Schritt 1), dann mit der Schale in feine Scheiben schneiden oder hobeln. In einer großen beschichteten Pfanne 4 EL Olivenöl erhitzen. 500 g in Scheiben geschnittene gegarte Kartoffeln und die Kürbisscheiben darin unter gelegentlichem Wenden in 10 Minuten goldbraun braten. Nach 5 Minuten eine in Streifen geschnittene rote Zwiebel hinzufügen und glasig dünsten. Mit Salz und Pfeffer kräftig würzen. 4 Eier mit 5 EL Sahne und 50 g TK-Petersilie verquirlen. Eiersahne über das Gemüse in der Pfanne gießen und in 7–10 Minuten stocken lassen, nach 5 Minuten die Pfanne zudecken.

Mit Gemüse, Pilzen und Kartoffeln

Aus Wok und Pfanne

Mit Gemüse, Pilzen und Kartoffeln

Zubereiten: 25 Minuten
Pilzpfanne mit Ciabatta-Croûtons

Für 4 Portionen

- 300 g Ciabattabrot
- 5 EL Olivenöl
- 2 Knoblauchzehen
- 800 g gemischte Pilze (Pfifferlinge, Kräuterseitlinge, Champignons)
- 1 Gemüsezwiebel
- 2 EL Butter
- 1 EL gehackter frischer oder 2 TL getrockneter Thymian
- 2 EL Balsamico-Essig
- Salz
- frisch gemahlener Pfeffer
- frisch geriebene Muskatnuss
- 4 EL geriebener Parmesan

Pro Portion:
405 kcal; 14 g Eiweiß; 38 g Kohlenhydrate; 22 g Fett; 7 g Ballaststoffe

1. Das Ciabatta in 1,5 cm große Würfel schneiden. 2 EL Öl in einer großen beschichteten Pfanne erhitzen. Das Brot darin in 5 Minuten unter Wenden goldbraun rösten. Knoblauch schälen, fein würfeln und kurz mitbraten. Die Croûtons auf Küchenpapier abtropfen lassen.

2. Inzwischen die Pilze putzen und abreiben. Kräuterseitlinge in Scheiben, Pfifferlinge in mundgerechte Stücke und Champignons in Hälften schneiden.

3. Das übrige Öl in der Pfanne erhitzen, die Hälfte der Pilze darin bei starker Hitze 3 Minuten braten, dann herausnehmen. Die zweite Portion Pilze ebenso braten; in der Pfanne lassen. Inzwischen die Zwiebel schälen und würfeln.

4. Die Butter zu den Pilzen in der Pfanne geben und zerlassen. Zwiebelwürfel, Thymian und die erste Pilzportion hinzufügen und alles 2–3 Minuten braten.

5. Den Balsamessig hinzufügen und einkochen lassen. Das Gericht mit Salz, Pfeffer und Muskat würzen. Die Croûtons untermischen. Mit Parmesan bestreuen; sofort servieren.

Kräuter-Kick
Vor dem Servieren das Gericht zusätzlich mit reichlich grob gehackter Petersilie bestreuen.

Das schmeckt dazu
Ein bunter Blattsalat mit gebratenen Bacon- bzw. Speckstreifen darauf ist eine passende Beilage zur Pilzpfanne. Als Dressing bietet sich eine Vinaigrette aus Weißweinessig, Salz, Pfeffer und Olivenöl an.

Variante: Thymian-Pilze in Tomatenschmand

Die Pilze wie in Schritt 2 beschrieben vorbereiten; in einer großen beschichteten Pfanne unter Wenden 4–5 Minuten braten. 2 EL Olivenöl und 1 EL Butter, eine in Ringe geschnittene Stange Lauch, eine gewürfelte Zwiebel und zwei gehackte Knoblauchzehen dazugeben. Alles 2 Minuten braten. 1 EL Tomatenmark und 1 EL gehackten Thymian kurz mitbraten, dann 200 ml Gemüsebrühe und 150 g Schmand unterrühren. Aufkochen und 4 Minuten zugedeckt dünsten. Mit Salz, Pfeffer und abgeriebener Zitronenschale abschmecken. 3 EL Schnittlauchröllchen unter die Pilzsauce mischen. Dazu schmecken Nudeln oder Ciabattabrot.

6 x knusprig frittiert

Zubereiten: 25 Min.
Knusprige Kartoffelbällchen

Für 4 Portionen

500 g Kartoffelknödelteig (halb roh, halb gekocht; Kühlregal) in eine Schüssel geben. **100 g geröstete gesalzene Erdnusskerne** fein mahlen. **2 Knoblauchzehen** schälen und winzig klein würfeln. Nüsse, Knoblauch, **1 TL Currypulver**, **2 Eiweiß** und **4 TL Speisestärke** unter den Kartoffelteig mischen. Die Masse mit Salz und Pfeffer würzen, daraus dann walnussgroße Bällchen formen.

Im Wok oder in einer schweren Pfanne **Fett zum Frittieren** erhitzen (siehe Kasten S. 35). Die Kartoffelbällchen portionsweise ins heiße Fett geben und jeweils in 4–5 Minuten schwimmend goldbraun frittieren. Herausheben; auf Küchenpapier abtropfen lassen.

Dazu passt ein Tomatensalat mit Frühlingszwiebeln, der mit einer Zitronen-Honig-Vinaigrette angemacht ist.

Pro Portion:
490 kcal; 8 g Eiweiß; 13 g Kohlenhydrate; 37 g Fett; 2,5 g Ballaststoffe

Zubereiten: 30 Min.
Gemüse-Beignets mit Minze-Joghurt

Für 4 Portionen

125 g Kichererbsenmehl (Reformhaus), **1 TL Backpulver**, **1 EL Chilipulver (Gewürzmischung)**, **1 Prise Salz** und **200 ml Wasser** zu einem glatten Teig verrühren. **600 g gemischtes Gemüse (z. B. Möhren, Blumenkohl, Kartoffeln, Aubergine und Gemüsezwiebel)** putzen und waschen oder schälen und in mundgerechte Stücke schneiden.

Fett zum Frittieren im Wok oder in einer schweren Pfanne mit hohem Rand erhitzen (siehe Kasten S. 35). Das Gemüse portionsweise in den Teig tauchen, dann im heißen Öl in 3–4 Minuten goldbraun ausbacken. Mit einer Schaumkelle herausheben, auf Küchenpapier abtropfen lassen und im 100 °C heißen Ofen warm halten.

Die Blätter von **½ Bund Minze** fein hacken. **250 g Joghurt** mit **2 TL Zitronensaft**, Salz, Pfeffer und **1 Prise Zucker** verrühren. Die Minze untermischen.

Das Gemüse auf vorgewärmten Tellern mit dem Minze-Joghurt zum Dippen und **Zitronenspalten** servieren.

Pro Portion:
530 kcal; 11 g Eiweiß; 29 g Kohlenhydrate; 41 g Fett; 4,5 g Ballaststoffe

Mit Gemüse, Pilzen und Kartoffeln

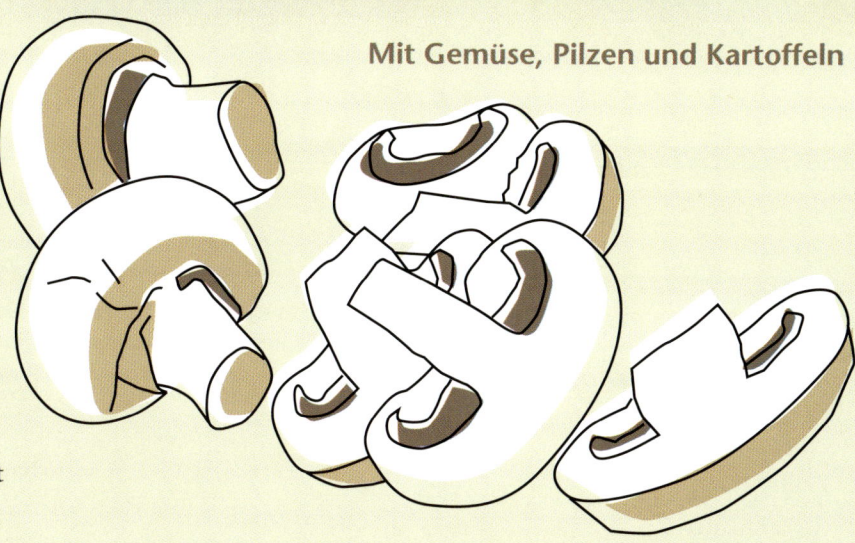

Grüner Spargel im Parmesanmantel

Zubereiten: 30 Min.

Für 4 Portionen

Für den Teig **120 g Mehl**, **2 Eier**, **200 ml Weißwein**, **2 EL Öl** und **75 g geriebenen Parmesan** verrühren. Mit **Salz** und **Pfeffer** würzen. Den Teig in eine flache Schale geben. **800 g grünen Spargel** waschen. Die Stangen im unteren Drittel schälen und die Enden abschneiden.

Fett zum Frittieren im Wok oder in einer schweren Pfanne mit hohem Rand erhitzen (siehe Kasten unten).

Die Spargelstangen in den Teig tauchen und portionsweise in 3–4 Minuten goldbraun ausbacken. Mit einer Schaumkelle herausheben, auf Küchenpapier abtropfen lassen. Fertig gebackenen Spargel im 100 °C heißen Ofen warm halten.

Dazu passt ein Avocado-Dip mit Joghurt und Kresse.

Pro Portion:
525 kcal; 17 g Eiweiß; 27 g Kohlenhydrate; 35 g Fett; 4 g Ballaststoffe

Gebackene Champignons

Zubereiten: 30 Min.

Für 4 Portionen

600 g Riesenchampignons in knapp 1 cm dicke Scheiben schneiden; mit **Pfeffer** würzen. **100 g Mehl**, **4 verquirlte Eier** und **150 g Semmelbrösel** getrennt auf drei Tellern bereitstellen. Die Pilze portionsweise im Mehl, dann in den Eiern wenden, etwas abtropfen lassen und zum Schluss in den Semmelbröseln wälzen.

600 ml Olivenöl zum Ausbacken in einer großen Pfanne stark erhitzen (siehe Kasten unten).

Die Champignons im heißen Öl portionsweise in 2–3 Minuten goldbraun ausbacken, dabei einmal wenden. Auf Küchenpapier abtropfen lassen. Fertig gebackene Pilze im 100 °C heißen Ofen warm halten.

Dazu einen gemischten Salat und Aioli (Knoblauch-Mayonnaise) zum Dippen servieren.

Pro Portion:
425 kcal; 17 g Eiweiß; 38 g Kohlenhydrate; 23 g Fett; 5,5 g Ballaststoffe

Scharfe Halloumi-Schnitzel

Zubereiten: 25 Min.

Für 4 Portionen

400 g Halloumi (zypriotischer Käse; Kühlregal) in 1 cm dicke Scheiben schneiden. **5 EL Mehl** auf einen Teller geben, **4 Eier** in einem tiefen Teller verquirlen. **80 g gehackte Mandeln**, **80 g Semmelbrösel** und **2 TL scharfe Paprikaflocken** (Pulbiber) auf einem dritten Teller mischen. Den Halloumi erst im Mehl, dann in den Eiern und zuletzt in dem Brösel-Mix wenden. Die Panade leicht andrücken.

In einer große Pfanne **Olivenöl zum Ausbacken** erhitzen (siehe Kasten links). Die Käsestücke portionsweise im heißen Öl in 3–4 Minuten goldbraun ausbacken, dabei einmal wenden. Aus dem Fett nehmen und auf Küchenpapier abtropfen lassen. Fertig gebackene Schnitzel im 100 °C heißen Ofen warm halten.

Dazu passt ein Paprika-Tomaten-Gemüse und Fladenbrot.

Pro Portion:
850 kcal; 37 g Eiweiß; 30 g Kohlenhydrate; 69 g Fett; 5 g Ballaststoffe

Frittierter Sesam-Tofu mit Gurkensalat

Zubereiten: 20 Min.

Für 4 Portionen

500 g Tofu trocken tupfen und in 2 cm große Würfel schneiden. Für den Salat **1 große Salatgurke** schälen und in eine Schüssel raspeln. **4 EL abgetropften eingelegten Ingwer** (Sushi-Ingwer; Glas) zur Gurke geben. **2 EL Reis-** oder **Obstessig**, **1 TL braunen Zucker** und **2 EL helle Sojasauce** unter Gurke und Ingwer mischen.

Fett zum Frittieren im Wok oder in einer tiefen Pfanne erhitzen (siehe Kasten links). Inzwischen **4 EL Speisestärke** mit **3 EL Sesamsamen** sowie **Salz** und **Pfeffer** mischen. Den Tofu in der Stärkemischung wenden und im heißen Öl portionsweise 1 Minute auf jeder Seite frittieren. Herausnehmen und auf Küchenpapier abtropfen lassen. Fertig gebackene Tofuwürfel im 100 °C heißen Ofen warm halten.

Den Sesam-Tofu mit dem Gurkensalat servieren.

Pro Portion:
535 kcal; 22 g Eiweiß; 24 g Kohlenhydrate; 40 g Fett; 2 g Ballaststoffe

Frittieren: Darauf kommt es an

Damit Gemüse beim Frittieren nicht viel Fett aufnimmt, muss das Fett heiß genug sein. Die Temperatur des Fettes lässt sich am besten mit einem Fett-Thermometer messen. Auch mithilfe eines hineingehaltenen Holzlöffelstiels können Sie prüfen, ob das Fett heiß genug ist: Sobald am Stiel Bläschen aufzusteigen beginnen, ist das Fett etwa 160 °C heiß. Kräftiger blubbert es bei etwa 180 °C. Weiterer Test: Einen Brotwürfel ins heiße Fett geben – steigt er nach etwa 20 Sekunden goldbraun auf, ist die Frittiertemperatur erreicht.

Aus Wok und Pfanne

Zubereiten: 20 Minuten

Lauch-Tomaten-Pfanne mit Pinienkernen

Für 4 Portionen

| 1 kg Lauch |
| 400 g Tomaten |
| 4 EL Pinienkerne |
| 3 EL Olivenöl |
| Salz |
| frisch gemahlener Pfeffer |
| frisch geriebene Muskatnuss |
| 1 Prise Zucker |
| 100 ml Gemüsebrühe |

Pro Portion:
180 kcal; 7 g Eiweiß; 8 g Kohlenhydrate; 13 g Fett; 5 g Ballaststoffe

1. Den Lauch putzen, längs aufschneiden und unter fließendem Wasser gründlich waschen, dann schräg in 1 cm breite Ringe schneiden. Die Tomaten waschen und die Stielansätze herausschneiden. Die Tomaten halbieren, entkernen und in 1 cm große Würfel schneiden.

2. Die Pinienkerne in einer beschichteten Pfanne ohne Fett bei mittlerer Hitze goldbraun rösten, herausnehmen und abkühlen lassen.

3. Das Öl in einer großen Pfanne erhitzen. Den Lauch darin 2 Minuten unter Wenden anbraten. Mit Salz, Pfeffer, Muskat und Zucker würzen.

4. Die Tomatenwürfel dazugeben und die Brühe angießen. Bei mittlerer Hitze 5–7 Minuten dünsten. Die Pinienkerne auf das Gemüse streuen.

Das schmeckt dazu

Das Gemüse können Sie mit Spiegeleiern, pochierten Eiern, wachsweich gekochten halbierten Eiern oder Rührei und knusprigem Baguette servieren. Gegarte und in Butter geschwenkte kleine Kartoffeln passen auch sehr gut dazu. Als Beilage zu Steaks, Koteletts oder Frikadellen bietet sich das Gemüse ebenfalls an.

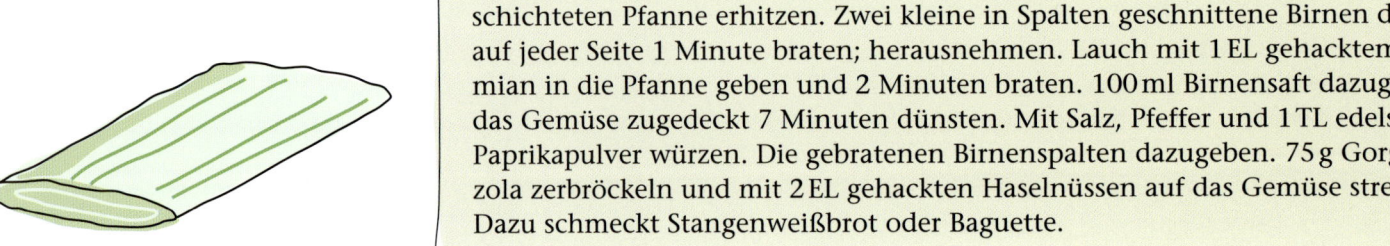

Variante: Birnen-Lauch-Pfanne mit Haselnüssen

800 g Lauch wie in Schritt 1 beschrieben vorbereiten. 4 EL Öl in einer großen beschichteten Pfanne erhitzen. Zwei kleine in Spalten geschnittene Birnen darin auf jeder Seite 1 Minute braten; herausnehmen. Lauch mit 1 EL gehacktem Thymian in die Pfanne geben und 2 Minuten braten. 100 ml Birnensaft dazugießen; das Gemüse zugedeckt 7 Minuten dünsten. Mit Salz, Pfeffer und 1 TL edelsüßem Paprikapulver würzen. Die gebratenen Birnenspalten dazugeben. 75 g Gorgonzola zerbröckeln und mit 2 EL gehackten Haselnüssen auf das Gemüse streuen. Dazu schmeckt Stangenweißbrot oder Baguette.

Mit Gemüse, Pilzen und Kartoffeln

Aus Wok und Pfanne

Zubereiten: 25 Minuten

Mediterrane Gemüsepfanne mit Spiegelei

Für 4 Portionen

1 rote Paprikaschote
1 gelbe Paprikaschote
300 g kleine Zucchini
1 Gemüsezwiebel
300 g Kirschtomaten
2 Knoblauchzehen
4 EL Olivenöl
1 TL Kräuter der Provence
100 g Katenschinken (gewürfelt; Kühlregal)
80 g abgetropfte schwarze Oliven (Glas)
Salz
frisch gemahlener Pfeffer
4 Eier
50 g geriebener Emmentaler

Pro Portion:
340 kcal; 20 g Eiweiß; 8 g Kohlenhydrate; 25 g Fett; 5,5 g Ballaststoffe

1. Paprikaschoten halbieren, putzen und waschen. Die Hälften in 2 cm große Stücke schneiden. Zucchini putzen, waschen und in dünne Scheiben schneiden.

2. Zwiebel schälen, halbieren und in dünne Halbringe schneiden. Die Tomaten waschen und halbieren. Den Knoblauch schälen und fein hacken.

3. Öl in einer großen Pfanne erhitzen. Die Zwiebel darin bei mittlerer Hitze glasig braten. Paprikastücke, Zucchinischeiben und Knoblauch dazugeben und 5 Minuten mitbraten.

4. Das Gemüse mit den Kräutern der Provence würzen. Kirschtomaten, Schinkenwürfel und Oliven unterheben. Salzen und pfeffern.

5. Mit einem Löffel vier Mulden in das Gemüse drücken. Die Eier hineingleiten lassen, den Käse darüberstreuen. Die Pfanne schließen und alles 5 Minuten ziehen lassen, bis die Eier gestockt sind. Das Gemüse mit je einem Spiegelei auf einem Teller anrichten.

Das schmeckt dazu
Für Pesto-Baguette ein Baguette in Scheiben ein-, aber nicht durchschneiden. 125 g weiche Butter mit 4 TL Basilikum-Pesto (Fertigprodukt) cremig rühren. Mit Salz, Pfeffer und 1–2 TL Zitronensaft abschmecken. Pestobutter in die Broteinschnitte verteilen. Das Brot fest in Alufolie wickeln und im 200 °C heißen Ofen 12–15 Minuten backen.

So geht's noch schneller
Anstelle von frischem Gemüse 800 g TK-Pfannengemüse (nach Geschmack) nach Packungsangabe in der Pfanne braten. Gericht fertigstellen, wie im Rezept angegeben.

Variante: Suppengrün-Pfanne mit Rührei

4 EL Olivenöl in einer großen Pfanne erhitzen. 1 kg zerkleinertes Suppengrün darin 5 Minuten unter Wenden braten. Mit Salz, Pfeffer, 1 TL flüssigem Honig und 1–2 EL Zitronensaft würzen; alles noch 5 Minuten braten. 4 Eier mit 2 EL Milch verquirlen, salzen und pfeffern. In einer zweiten Pfanne 2 TL Butter zerlassen, die Eiermasse darin zu Rührei stocken lassen. Die Petersilie unter das Gemüse mischen. Das Gemüse mit 1 TL scharfen Paprikaflocken (Pulbiber) bestreuen und mit dem Rührei anrichten. Dazu schmeckt Bauernbrot oder Roggenbaguette.

Mit Gemüse, Pilzen und Kartoffeln

Aus Wok und Pfanne

Mit Gemüse, Pilzen und Kartoffeln

Zubereiten: 25 Minuten
Gnocchi-Pfanne mit Brokkoli

Für 4 Portionen

Salz

600 g Brokkoli

100 g Walnusskerne

150 g abgetropfte getrocknete Tomaten (in Öl; 1 EL Öl aufbewahren)

1 Zwiebel

4 EL Olivenöl

800 g Mini-Gnocchi (Fertigprodukt; Kühlregal)

frisch gemahlener Pfeffer

125 g Mozzarella

Pro Portion:
750 kcal; 30 g Eiweiß; 73 g Kohlenhydrate; 37 g Fett; 12 g Ballaststoffe

1. In einem Topf reichlich Salzwasser aufkochen lassen. Den Brokkoli waschen, putzen und in Röschen schneiden. Die Brokkolistiele dünn schälen (nach Belieben) und klein würfeln. Brokkoliröschen und -stiele in das Kochwasser geben und 3 Minuten garen. Abgießen, abschrecken und gut abtropfen lassen.

2. Inzwischen die Walnusskerne grob hacken. Die Tomaten in Streifen schneiden. Die Zwiebel schälen und fein würfeln.

3. In einer großen beschichteten Pfanne 2 EL Öl erhitzen. Gnocchi und Nüsse darin unter Wenden bei mittlerer Hitze in 5 Minuten goldbraun und knusprig braten. Gnocchi-Nuss-Mischung aus der Pfanne nehmen und warm stellen.

4. Das restliche Öl (2 EL) in der Pfanne erhitzen. Zwiebelwürfel und Brokkoli darin etwa 3 Minuten kräftig braten. Salzen und pfeffern.

5. Gnocchi-Nuss-Mischung und Tomatenstreifen in die Pfanne geben und unter Zwiebel und Brokkoli mischen; alles noch 2 Minuten unter Rühren braten. Das Gericht mit Salz, Pfeffer und 1 EL Tomatenöl (von den abgetropften Tomaten) würzen.

6. Den Mozzarella gut abtropfen lassen und in Stücke schneiden. Die Gnocchi auf Teller verteilen und mit dem Mozzarella bestreuen.

Aroma plus
Noch würziger schmeckt das Gericht, wenn Sie vor dem Servieren 50 g Parmesan in Spänen auf das Gericht hobeln.

So geht's noch schneller
Frischen Brokkoli gegen 500 g TK-Brokkoli tauschen. Die gefrorenen Röschen in kochendem Salzwasser 3 Minuten garen, dann abschrecken und abtropfen lassen. Anschließend grob zerteilen.

Variante: Gebratene Gnocchi mit Rosenkohl

500 g Rosenkohlröschen je nach Größe halbieren oder vierteln und in kochendem Salzwasser 5–7 Minuten garen, dann abgießen, abschrecken und gut abtropfen lassen. Walnüsse und getrocknete Tomaten wie in Schritt 2 beschrieben vorbereiten. 4 EL Olivenöl in einer großen Pfanne erhitzen. Rosenkohl, Tomaten, Walnüsse und Salbeiblätter von 6 Zweigen darin 3 Minuten unter Rühren braten. Mit Salz, Pfeffer und Muskat würzen. 800 g Gnocchi (Fertigprodukt; Kühlregal) dazugeben, 5 Minuten unter Wenden mitbraten. Mit Salz und Pfeffer würzen.

Aus Wok und Pfanne

Mit Gemüse, Pilzen und Kartoffeln

Zubereiten: 25 Minuten

Bunte Schupfnudeln mit Rucola

Für 4 Portionen

- 2 Zwiebeln
- 2 Knoblauchzehen
- 200 g Champignons
- 100 g Rucola
- 250 g Kirschtomaten
- 3 EL Olivenöl
- 1 EL Butter
- 800 g Schupfnudeln (Kühlregal)
- 2 TL gehackter frischer Thymian oder 1 TL getrockneter Thymian
- Salz
- frisch gemahlener Pfeffer
- 4 EL gehobelter Parmesan (Kühlregal oder selbst gehobelt)

Pro Portion:
420 kcal; 16 g Eiweiß; 49 g Kohlenhydrate; 18 g Fett; 7 g Ballaststoffe

1. Die Zwiebeln schälen, halbieren und in feine Streifen schneiden. Den Knoblauch schälen und fein hacken. Die Champignons putzen, abreiben und in nicht zu dünne Scheiben schneiden. Den Rucola putzen, waschen, trocken schleudern und grob zerpflücken. Die Tomaten abbrausen und halbieren.

2. Öl und Butter in einer großen beschichteten Pfanne erhitzen. Schupfnudeln und Zwiebelstreifen hineingeben und bei mittlerer Hitze 5 Minuten braten, bis die Schupfnudeln goldbraun und die Zwiebeln glasig sind.

3. Champignons, Knoblauch und Thymian hinzufügen und 2–3 Minuten mitbraten. Den Rucola und die Tomaten untermischen; kurz miterhitzen. Das Gericht mit Salz und Pfeffer würzen.

4. Die Gemüse-Schupfnudeln auf vorgewärmten Tellern anrichten. Mit je 1 EL Parmesanspänen bestreuen und servieren.

Extrawürze

Schmand mit etwas abgeriebener Schale von einer unbehandelten Zitrone verrühren. Auf jede Portion einen Löffel Zitronenschmand geben.

Alternative

Die bunte Blitzpfanne können Sie auch mit Gnocchi statt mit Schupfnudeln zubereiten. Die kleinen italienischen Kartoffelklößchen nach italienischer Art gibt es im Frischepack im Kühlregal des Supermarkts auch gefüllt (z. B. mit Spinat- oder Tomatenfüllung). Nach Packungsangabe mit oder ohne Vorgaren braten.

Variante: Schupfnudelpfanne mit Specksauerkraut

In einer großen Pfanne 1 EL Butterschmalz oder Öl erhitzen. 150 g Baconstreifen darin knusprig ausbraten. 800 g Schupfnudeln (Kühlregal) 5 Minuten mitbraten, dabei gelegentlich wenden. Salzen und pfeffern. Schupfnudel-Speck-Mischung aus der Pfanne nehmen und warm halten. Zwei gewürfelte Zwiebeln in heißem Butterschmalz in der Pfanne glasig braten. Mit 2 TL edelsüßem Paprikapulver bestreuen. 500 g Sauerkraut (Dose), 2 EL Zucker und 2 EL Essig dazugeben und unter Rühren 5 Minuten dünsten. Schupfnudel-Speck-Mischung unter das Kraut mischen. Mit gehackter Petersilie bestreuen und mit saurer Sahne servieren.

Aus Wok und Pfanne

Zubereiten: 30 Minuten

Asia-Nudeln mit Zuckerschoten und Ananas

Für 4 Portionen

250 g asiatische Mie-Weizennudeln
Salz
200 g Zuckerschoten
400 g Ananas oder 1 Babyananas
1 Knoblauchzehe
4 EL Öl
500 g Putenbrustgeschnetzeltes
frisch gemahlener Pfeffer
125 ml Hühnerbrühe
5–6 EL Sojasauce
3 EL süßscharfe Chilisauce mit Ingwer

Pro Portion:
540 kcal; 44 g Eiweiß; 57 g Kohlenhydrate; 15 g Fett; 7 g Ballaststoffe

1. Die Nudeln nach Packungsangabe in Salzwasser garen. Inzwischen die Zuckerschoten waschen und schräg halbieren. 2 Minuten, bevor die Nudeln gar sind, die Zuckerschoten ins Nudelwasser geben und mitgaren. Nudeln und Zuckerschoten in ein Sieb abgießen und abtropfen lassen.

2. Während die Nudeln garen, die Ananas schälen, längs vierteln oder achteln, vom Strunk befreien und quer in dünne Scheiben schneiden. Den Knoblauch schälen und fein würfeln.

3. Im Wok oder in einer großen Pfanne 2 EL Öl erhitzen. Das Putenfleisch darin portionsweise bei starker Hitze 2–3 Minuten braten. Herausnehmen; salzen und pfeffern. Zugedeckt beiseitestellen.

4. Anschließend Ananas und Knoblauch mit dem übrigen Öl (2 EL) in Wok oder Pfanne geben und 1 Minute braten. Brühe, 3 EL Sojasauce und Chilisauce dazugeben. Nudeln und Zuckerschoten sowie das Fleisch untermischen. Das Gericht mit 2–3 EL Sojasauce abschmecken. Sofort servieren.

So geht's noch schneller

Beim Vorbereiten können Sie Zeit sparen, wenn Sie statt der frischen Ananas 250 g abgetropfte Ananasstücke im eigenen Saft aus der Dose verwenden. Ananas im Sieb abtropfen lassen und mit den Nudeln und Zuckerschoten zum Schluss unter das Fleisch mischen. Nach Belieben das Gericht noch mit 1–2 EL Ananassaft abschmecken.

Aroma plus

Cashewkerne verleihen dieser asiatischen Nudelpfanne eine nussige Note und mehr Biss. Dafür 4 EL geröstete, gesalzene Cashewkerne grob hacken und vor dem Servieren auf die Nudeln streuen.

Variante: Reisnudeln mit Frühlingszwiebeln und Apfel

200 g breite Reisnudeln nach Packungsangabe in Wasser kochen. Abgießen, abschrecken und gut abtropfen lassen. Je 2 EL Öl und Sesamöl in Wok oder Pfanne erhitzen. Vier in Ringe geschnittene Frühlingszwiebeln und einen in feine Scheiben geschnittenen Apfel darin unter Rühren 2 Minuten braten. Die Reisnudeln unterheben und kurz mitbraten. 150 ml Hühnerbrühe und 3 EL Sojasauce dazugeben; alles mit ½ TL Chiliflocken würzen. Das Gericht mit 6 EL gerösteten, gesalzenen Erdnusskernen bestreuen und sofort servieren.

Mit Nudeln, Reis und Getreide

Aus Wok und Pfanne

Mit Nudeln, Reis und Getreide

Zubereiten: 30 Minuten

Wirsing-Nudeln mit Rindfleisch

Für 4 Portionen

- 500 g Wirsing
- 300 g Minutensteaks vom Rind
- 3 cm frischer Ingwer (etwa 30 g)
- 2 Knoblauchzehen
- 4 EL Öl
- Salz
- frisch gemahlener Pfeffer
- 500 ml Gemüse- oder Hühnerbrühe
- 5–6 EL Sojasauce
- 1 EL dunkles Sesamöl
- 300 g kurze Wok-Nudeln (Instantnudeln)
- 1–2 EL Zitronensaft
- gehackte Petersilie oder gehacktes Koriandergrün zum Bestreuen

Pro Portion:
525 kcal; 30 g Eiweiß; 56 g Kohlenhydrate; 19 g Fett; 8 g Ballaststoffe

1. Den Wirsing putzen, waschen und in ½ cm breite Streifen schneiden. Fleisch trocken tupfen und ebenfalls in dünne Streifen schneiden. Ingwer und Knoblauch schälen und fein würfeln.

2. Im Wok oder in einer großen Pfanne 2 EL Öl erhitzen. Das Fleisch darin bei starker Hitze 1–2 Minuten braten. Auf einen Teller geben; salzen und pfeffern.

3. Das übrige Öl (2 EL) erhitzen. Wirsingstreifen, Ingwer und Knoblauch hinzufügen; alles 2 Minuten unter Rühren braten.

4. Die Brühe, 5 EL Sojasauce und das Sesamöl zum Wirsing geben. Die Nudeln untermischen und unter Rühren 2–3 Minuten köcheln lassen, bis sie die Flüssigkeit aufgenommen haben. Die Fleischstreifen untermischen.

5. Das Gericht mit Pfeffer, Zitronensaft und eventuell Sojasauce abschmecken. Die Pfannennudeln nach Belieben mit Petersilie oder Koriandergrün bestreuen.

Dazu schmeckt
Geröstete, gehackte Erdnusskerne zum Bestreuen und Sambal Oelek zum Schärfen beim Servieren mit auf den Tisch stellen.

Alternative
Diese Nudelpfanne können Sie je nach Angebot und Saison statt mit Wirsing und Rindfleisch auch mit Weißkohl und Schweinefilet oder mit Spitzkohl und Hähnchenbrustfilet variieren.

Variante: Chinakohl-Glasnudeln mit Schweinefilet

200 g breite chinesische Glasnudeln (oder Reisnudeln) nach Packungsangabe garen; abgießen und abtropfen lassen. 2 EL Öl im Wok erhitzen. 300 g in Streifen geschnittenes Schweinefilet darin in 4 Minuten kräftig braten; herausnehmen. Weitere 2 EL Öl und 1 EL dunkles Sesamöl im Wok erhitzen. 600 g in Streifen geschnittenen Chinakohl dazugeben und 2 Minuten braten. 1 EL fein gehackten Ingwer und zwei gehackte Knoblauchzehen hinzufügen; 1 Minute mitbraten. Wokinhalt mit 6 EL Sojasauce und 150 ml Gemüsebrühe ablöschen; 5 Minuten köcheln lassen. Glasnudeln und Fleisch unterheben. Mit Sojasauce abschmecken und mit Petersilie garnieren.

Aus Wok und Pfanne

Mit Nudeln, Reis und Getreide

Zubereiten: 20 Minuten
Zucchini-Pasta-Pfanne

Für 4 Portionen

Salz

400 g Frischei-Tagliatelle (Kühlregal)

4 kleine Zucchini (etwa 500 g)

2 Zwiebeln

1 Zweig Rosmarin

6 Zweige Thymian

4 EL Olivenöl

Salz

frisch gemahlener Pfeffer

4 Zweige Basilikum

60 g geriebener Parmesan

Pro Portion:
310 kcal; 11 g Eiweiß; 28 g Kohlenhydrate; 17 g Fett; 4,5 g Ballaststoffe

1. In einem Topf reichlich Salzwasser aufkochen. Die Nudeln darin nach Packungsangabe bissfest garen.

2. Inzwischen die Zucchini waschen, putzen und längs halbieren. Die Hälften der Länge nach in dünne Scheiben schneiden.

3. Die Zwiebeln schälen, halbieren und in dünne Halbringe schneiden. Rosmarin und Thymian abbrausen und trocken schütteln, die Blättchen abstreifen und hacken.

4. In einer großen Pfanne das Öl erhitzen. Die Zwiebeln darin glasig braten. Zucchini und Kräuter dazugeben und unter Wenden 2–3 Minuten braten. Mit Salz und Pfeffer würzen.

5. Nudeln abgießen und abtropfen lassen, dabei 3–4 EL Kochwasser auffangen. Die Nudeln mit dem Kochwasser unter die Zucchini heben.

6. Die Basilikumblätter abzupfen und abreiben. Mit dem Parmesan auf die Nudelpfanne streuen. Sofort servieren.

Das schmeckt dazu
Tomatensalat mit Rucola passt perfekt dazu. Den Salat am besten mit einer Vinaigrette aus Balsamico-Essig und Olivenöl anmachen.

Plus Pinienkerne
60 g Pinienkerne in einer Pfanne ohne Fett rösten, bis sie duften. Vor dem Servieren mit Basilikum und Parmesan auf die Zucchini-Pasta-Pfanne streuen.

Alternative
Parmesan durch grob zerbröckelten Gorgonzola und Basilikum durch Petersilie ersetzen.

Variante: Rosenkohl-Pasta-Pfanne

500 g Rosenkohlröschen halbieren oder vierteln. 2 EL Olivenöl in einer großen beschichteten Pfanne erhitzen. Kohlröschen darin 10 Minuten unter häufigem Rühren nur leicht braten. 2 EL Zitronensaft und 2 EL kleine Kapern unter den Rosenkohl mischen; salzen und pfeffern. 400 g gegarte Frischei-Tagliatelle mit 125 ml Kochwasser und 3 EL gehackter Petersilie unter den Rosenkohl mischen; abschmecken. Mit geriebenem Parmesan und Rohschinkenwürfeln (Kühlregal) bestreuen.

Aus Wok und Pfanne

Zubereiten: 25 Minuten

Nudelpfanne mit Rucola und Schafskäse

Für 4 Portionen

Salz
400 g Nudeln (z. B. Orecchiette oder Penne)
1 Zwiebel
2 Knoblauchzehen
2 rote Peperoni
250 g Kirschtomaten
120 g Rucola
200 g griechischer Schafskäse (z. B. Feta)
4 EL Olivenöl
1 EL Butter
50 g Pinienkerne
frisch gemahlener Pfeffer

Pro Portion:
675 kcal; 26 g Eiweiß; 76 g Kohlenhydrate; 30 g Fett; 7,5 g Ballaststoffe

1. Reichlich Salzwasser zum Kochen bringen. Die Nudeln darin nach Packungsanweisung bissfest garen.

2. Während die Nudeln garen, Zwiebel und Knoblauch schälen und fein würfeln. Die Peperoni längs einschneiden, entkernen und fein würfeln.

3. Die Tomaten waschen und halbieren. Den Rucola abbrausen, trocken schütteln und die harten Stiele entfernen. Den Schafskäse grob zerbröckeln.

4. Die Nudeln abgießen und gut abtropfen lassen. In einer großen Pfanne Öl und Butter erhitzen. Zwiebelwürfel, Knoblauch und Peperoni darin 2 Minuten anbraten. Die Pinienkerne dazugeben und 2 Minuten mitrösten.

5. Kirschtomaten und Nudeln hinzufügen und 2 Minuten mitbraten. Rucola unterheben. Das Gericht mit Salz und Pfeffer abschmecken. Mit dem Schafskäse bestreuen und sofort servieren.

Das schmeckt dazu
Wer mag, kann noch 8 dünne Scheiben Parma- oder Serranoschinken in mundgerechte Stücke zupfen und vor dem Servieren auf die Nudelpfanne geben.

Alternative
Für eine typisch italienische Note den Rucola durch zarten Blattspinat (Kühlregal) ersetzen und den Schafskäse durch grob zerbröckelten Ricotta.

Variante: Rucola-Speck-Nudeln mit Dicken Bohnen

400 g Nudeln in reichlich Salzwasser garen. 400 g TK-Dicke-Bohnen gegen Ende der Garzeit dazugeben und 2 Minuten mitkochen. In einer großen Pfanne 2 EL Olivenöl erhitzen. 100 g Räucherspeck in feinen Streifen darin knusprig ausbraten. Eine fein gewürfelte Zwiebel und zwei gewürfelte Knoblauchzehen dazugeben und 2–3 Minuten mitbraten. Die Nudeln samt Bohnenkernen abgießen, kurz abtropfen lassen. Mit 120 g grob gehackten Rucolablättern unter die Bohnen mischen. Mit Salz und Pfeffer würzen. 150 g grob zerbröckelten Ziegenfrischkäse auf die Nudelpfanne streuen; servieren.

Mit Nudeln, Reis und Getreide

Aus Wok und Pfanne

Zubereiten: 25 Minuten

Spaghetti mit Fenchel und Chorizo

Für 4 Portionen

- 300 g Spaghetti
- Salz
- 750 g zarte Fenchelknollen
- 200 g Chorizo (spanische Paprikawurst, ersatzweise Kabanossi)
- 2 rote Zwiebeln
- 5 EL Olivenöl
- 2 TL Fenchelsamen
- frisch gemahlener Pfeffer
- 4 TL Zitronensaft

Pro Portion:
605 kcal; 24 g Eiweiß; 57 g Kohlenhydrate; 31 g Fett; 11 g Ballaststoffe

1. Die Nudeln in reichlich Salzwasser nach Packungsangabe bissfest garen. Inzwischen die Fenchelknollen putzen und waschen. Fenchelgrün abschneiden, hacken und beiseitelegen.

2. Fenchelknollen längs vierteln und die Strünke keilförmig herausschneiden. Fenchelviertel quer in dünne Scheiben schneiden oder auf der Rohkostreibe hobeln. Die Chorizo in dünne Scheiben schneiden. Die Zwiebeln schälen, halbieren und in dünne Halbringe schneiden.

3. Das Öl in einer großen beschichteten Pfanne erhitzen. Fenchelstreifen, Zwiebeln und Fenchelsamen darin 5 Minuten braten, dabei gelegentlich wenden. Mit Salz und Pfeffer würzen. Die Chorizoscheiben dazugeben und 2 Minuten mitbraten.

4. Die Nudeln abgießen und tropfnass unter die Fenchelmischung heben. Das Gericht mit Salz, Pfeffer und Zitronensaft würzen. Mit Fenchelgrün bestreuen und servieren.

Aroma plus
Vor dem Servieren 75 g Parmesan in Späne hobeln oder fertige Parmesanspäne (Kühlregal) mit dem Fenchelgrün auf das Pfannengericht streuen.

Alternative
Chorizo durch 200 g in Würfel geschnittenes Fischfilet (z. B. Lachs oder Rotbarsch) ersetzen. Die Fischwürfel salzen und pfeffern, unter den gebratenen Fenchel heben und 5 Minuten mitbraten.

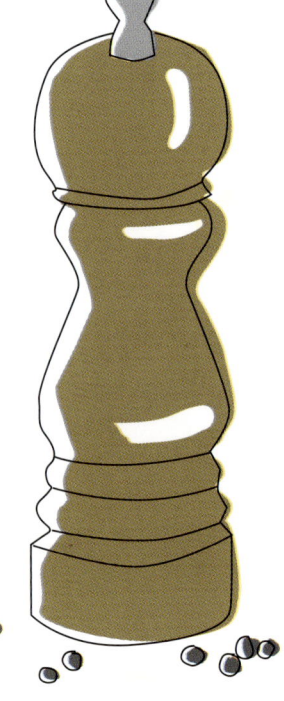

Variante: Pasta-Hack-Pfanne mit Fenchel

300 g Mini-Penne in reichlich kochendem Salzwasser garen. Fenchel und Zwiebeln wie in Schritt 2 beschrieben vorbereiten. 4 EL Olivenöl in einer großen beschichteten Pfanne erhitzen. Fenchel und Zwiebeln darin unter Rühren 5 Minuten braten. Salzen und pfeffern; herausnehmen. Weitere 2 EL Olivenöl in der Pfanne erhitzen. 400 g Tatar oder mageres Rinderhack darin unter Rühren krümelig braten. Mit Salz, Pfeffer und 1 EL gehacktem Rosmarin würzen. Das Gemüse, abgetropfte Nudeln und 400 g gehackte Tomaten mit Basilikum (1 Dose) dazugeben. Alles 2–3 Minuten ziehen lassen. Mit gehacktem Fenchelgrün bestreuen.

Mit Nudeln, Reis und Getreide

Aus Wok und Pfanne

Mit Nudeln, Reis und Getreide

Zubereiten: 30 Minuten

Kohlrabi-Lachs-Pfanne mit Erbsen-Nudeln

Für 4 Portionen

300 g Nudeln (z. B. Fusilli)
Salz
250 g TK-Erbsen
500 g Lachsfilet (ohne Haut)
1 Kohlrabi
2 Knoblauchzehen
50 g Rucola
4 EL Olivenöl
frisch gemahlener Pfeffer
5 EL Sahne
abgeriebene Schale von ½ unbehandelten Zitrone

Pro Portion:
650 kcal; 52 g Eiweiß; 63 g Kohlenhydrate; 21 g Fett; 8,5 g Ballaststoffe

1. Die Nudeln nach Packungsangabe in reichlich kochendem Salzwasser bissfest garen. Die Erbsen 3 Minuten vor Ende der Garzeit dazugeben und mitgaren.

2. Inzwischen das Lachsfilet trocken tupfen und in 1 cm große Würfel schneiden. Kohlrabi putzen, schälen und ebenfalls 1 cm groß würfeln. Knoblauch schälen und in feine Scheiben schneiden. Rucola abbrausen, trocken schleudern und verlesen, dabei harte Stiele entfernen.

3. Nudeln und Erbsen abgießen und abtropfen lassen, dabei 150 ml Nudelkochwasser auffangen.

4. In einer großen beschichteten Pfanne das Öl erhitzen. Lachs, Kohlrabi und Knoblauch in zwei Portionen darin bei mittlerer Hitze unter Wenden je 4 Minuten braten. Mit Salz und Pfeffer würzen.

5. Nudeln und Erbsen hinzufügen und alles 2–3 Minuten braten, dabei behutsam wenden. Das Nudelkochwasser und die Sahne dazugießen; einmal aufkochen lassen. Das Gericht mit Salz und Zitronenschale abschmecken. Rucola unterheben; servieren.

So geht's noch schneller

Kleine Nudelsorten wie z. B. Mini-Penne oder Mini-Fusilli garen in kürzerer Zeit als größere Nudeln.

Vitamin-Kick

Die zarten Kohlrabiblättchen sind besonders reich an Vitamin C. Deshalb sollten Sie diese in feine Streifen schneiden und vor dem Servieren auf das Gericht streuen.

Variante: Bohnen-Lachs-Pfanne mit Bandnudeln

300 g Bandnudeln (Tagliatelle) nach Packungsangabe in reichlich Salzwasser bissfest garen; in den letzten 4 Minuten 400 g TK-grüne-Bohnen mitkochen. Lachsfilet wie in Schritt 2 beschrieben vorbereiten. Nudeln und Bohnen abgießen, dabei 150 ml Kochwasser auffangen. In einer großen beschichteten Pfanne 4 EL Olivenöl erhitzen. Lachswürfel und zwei in Scheiben geschnittene Knoblauchzehen darin unter Wenden in 4 Minuten goldbraun braten. Salzen und pfeffern. 1 TL fein gehackten Rosmarin und 1 TL gehackten Thymian, die Bohnen-Nudeln, das aufgefangene Kochwasser und 100 g Sahne in der Pfanne kurz aufkochen lassen. Eine kleine Handvoll Basilikumblätter untermischen.

Aus Wok und Pfanne

Mit Nudeln, Reis und Getreide

Zubereiten: 25 Minuten
Spätzle mit Pilzen und Käsehaube

Für 4 Portionen

| 250 g Egerlinge oder Champignons |
| 1 Stange Lauch |
| 1 EL Butterschmalz |
| 100 g Baconstreifen (Kühlregal) |
| 700 g fertige Spätzle (Kühlregal) |
| 300 g Tomaten |
| 1 Bund Petersilie |
| Salz |
| frisch gemahlener Pfeffer |
| frisch geriebene Muskatnuss |
| 150 g geriebener Emmentaler |

Pro Portion:
480 kcal; 29 g Eiweiß; 40 g Kohlenhydrate; 22 g Fett; 4,5 g Ballaststoffe

1. Die Pilze putzen, abreiben und in Scheiben schneiden. Den Lauch putzen, längs aufschneiden, gründlich waschen und in feine Ringe schneiden.

2. In einer großen Pfanne das Butterschmalz erhitzen. Die Baconstreifen darin knusprig ausbraten. Lauch und Egerlinge hinzufügen und 5 Minuten mitbraten, dabei gelegentlich wenden. Die Spätzle untermischen und alles noch 5 Minuten braten.

3. Inzwischen die Tomaten waschen, von den Stielansätzen befreien, vierteln und würfeln. Die Petersilie abbrausen und trocken schütteln. Die Blätter abzupfen und hacken.

4. Die Tomatenwürfel unter die Spätzlepfanne heben. Mit Salz, Pfeffer und Muskat kräftig würzen; die Spätzlemischung 1 Minute braten.

5. Den Käse auf das Gericht streuen. Die Pfanne schließen und das Gericht noch 2–3 Minuten erhitzen, bis der Käse geschmolzen ist. Mit der gehackten Petersilie bestreuen und servieren.

Das schmeckt dazu
Zur deftigen Spätzlepfanne passt ein gemischter grüner Blattsalat mit einer leichten Senf-Vinaigrette.

Alternative
Die Spätzlepfanne können Sie statt mit Käse auch mit Eiern anreichern: Dafür 4 Eier verquirlen, über die Zutaten in der Pfanne gießen und bei schwacher Hitze ohne zu rühren 1 Minute stocken lassen.

Variante: Zwiebel-Spätzle-Pfanne mit Schinken

In einer großen Pfanne 1 EL Butterschmalz erhitzen, drei in Ringe geschnittene Zwiebeln dazugeben und in 10 Minuten goldbraun braten; salzen. Aus der Pfanne nehmen und warm halten. 700 g fertige Spätzle (Kühlregal) in 2 EL Butterschmalz 5 Minuten braten. Die angebratenen Zwiebeln und 200 g gekochten Schinken in Streifen untermischen. Das Gericht mit Salz, Pfeffer und Muskat würzen. Mit Schnittlauchröllchen und geriebenem Emmentaler bestreuen.

Zubereiten: 30 Minuten

Klassiker: Bamigoreng – Gebratene Nudeln

Für 4 Portionen

250 g chinesische Eiernudeln
Salz
300 g Hähnchenbrustfilet
frisch gemahlener Pfeffer
1 große Zwiebel
2 Knoblauchzehen
1 kleine rote Chilischote
1 Möhre
1 Stange Lauch
125 g Baby-Maiskölbchen (frisch oder aus dem Glas; abgetropft)
1–2 Köpfe Paksoi (etwa 400 g)
150 g Mungobohnensprossen
4 EL Öl
5–6 EL Sojasauce

Pro Portion:
495 kcal; 31 g Eiweiß; 52 g Kohlenhydrate; 18 g Fett; 11 g Ballaststoffe

1. Die Nudeln nach Packungsangabe in Salzwasser bissfest garen, dann abgießen und abtropfen lassen. Inzwischen das Fleisch trocken tupfen und in mundgerechte Stücke schneiden; pfeffern.

2. Zwiebel und Knoblauch schälen und fein würfeln. Chilischote längs aufschneiden, entkernen und fein würfeln. Möhre putzen, schälen, zuerst in Scheiben, dann in Streifen schneiden. Lauch putzen, waschen und in feine Ringe schneiden. Maiskölbchen schräg in Stücke schneiden.

3. Paksoi putzen, waschen und abtropfen lassen. Die Stiele in schmale Streifen, die Blätter in 1 cm breite Streifen schneiden. Sprossen abbrausen und abtropfen lassen.

4. Im Wok 1 EL Öl erhitzen. Zwiebel, Knoblauch und Chili darin kurz braten. Aus der Pfanne nehmen. Das übrige Öl im Wok sehr heiß werden lassen. Das Fleisch darin etwa 2 Minuten unter Rühren kräftig anbraten.

5. Möhren, Lauch, Maiskölbchen und Paksoistiele dazugeben und unter Wenden 3–4 Minuten mitbraten. Sprossen und Paksoiblätter untermischen; 1 Minute mitbraten.

6. Nudeln und Gewürzmischung untermischen. Alles noch einmal kurz erhitzen, dann mit Sojasauce würzen und mit Pfeffer abschmecken.

Das schmeckt dazu
Bamigoreng – die berühmten Bratnudeln aus Indonesien werden oft zusätzlich mit Ei serviert. Dazu 2 Eier mit 2 EL Wasser, Salz und Pfeffer verquirlen. In einer Pfanne 2 TL Butter zerlassen. Die Eiermasse darin zu Rührei braten, dann grob zerpflücken und unter das fertige Nudelgericht mischen.

Alternative
Paksoi oder Pak-Choi ist ein asiatisches Kohlgemüse, das in Form und Aussehen dem Mangold ähnelt. Wer den chinesischen Senfkohl nicht bekommt, kann stattdessen Mangold oder Chinakohl verwenden.

Typisch indonesisch

Schärfer und schön gelb wird das Gericht, wenn Sie in Schritt 4 mit Zwiebel, Knoblauch und Chilischote noch 30 g fein gewürfelten Ingwer braten, dann ½ EL Kurkuma (Gelbwurz), 1 TL Palmzucker oder anderen Zucker sowie je 1 TL Chili- und Krabbenpaste (Terasi) hinzufügen. (Die genannten Zutaten erhalten Sie im Asienladen.) Die Gewürze gut verrühren, kurz braten und aus der Pfanne nehmen. Diese Würzmischung (das Goreng) zum Schluss mit Nudeln und Fleisch unter das gebratene Gemüse mischen. Zum Nachwürzen Sambal Oelek und zweierlei Sojasaucen – Ketjap manis (süß) und Ketjap asin (salzig) – mit auf den Tisch stellen.

Aus Wok und Pfanne

Zubereiten: 30 Minuten

Nasigoreng mit Omelettschnecken

Für 4 Portionen

250 g 8-Minuten-Reis
Salz
400 g Schweinefilet, in sehr dünnen Streifen
frisch gemahlener Pfeffer
1 Bund Frühlingszwiebeln
1 Zwiebel
2 Knoblauchzehen
4–5 EL Sojasauce
1 TL brauner Zucker
2–3 TL Sambal Oelek
1 EL Tomatenmark
75 ml Hühnerbrühe
2 Eier
4 EL Öl
200 g Shrimps
150 g TK-Erbsen

Pro Portion:
530 kcal; 43 g Eiweiß; 50 g Kohlenhydrate; 17 g Fett; 5 g Ballaststoffe

1. Den Reis nach Packungsangabe in Salzwasser garen; abgießen und abtropfen lassen. Fleisch pfeffern. Frühlingszwiebeln waschen, putzen und fein würfeln. Zwiebel und Knoblauch schälen und fein hacken.

2. Für die Würzsauce 4 EL Sojasauce mit Zucker, 2 TL Sambal Oelek, Tomatenmark und Brühe verrühren.

3. Die Eier mit 2 EL Wasser sowie etwas Salz und Pfeffer verquirlen. 1 EL Öl in einer beschichteten Pfanne erhitzen. Die Eiermasse darin stocken lassen. Das Omelett auf einen Teller gleiten und abkühlen lassen; aufrollen und in 1 cm breite Schnecken schneiden.

4. Im Wok das übrige Öl (3 EL) sehr heiß werden lassen. Die Fleischstreifen darin 3 Minuten unter Rühren braten. Zwiebel und Knoblauch kurz mitbraten. Shrimps, Erbsen, Frühlingszwiebeln und Reis dazugeben.

5. Die Würzsauce unterrühren und kurz aufkochen lassen. Nasigoreng nach Belieben mit Sambal Oelek und Sojasauce nachwürzen. Mit den Omelettschnecken garnieren und servieren.

Das schmeckt dazu

Röstzwiebeln (Fertigprodukt), Krupuk (Krabbenchips), geröstete und gesalzene Erdnusskerne, scharfes Sambal Oelek oder süß-scharfes Sambal Manis sollten zum individuellen Würzen mit auf den Tisch gestellt werden.

Reste verwerten

Für das indonesische Gericht darf so ziemlich alles in Wok oder Pfanne, was der Kühlschrank gerade bietet: Hähnchen- oder Entenbrustfilet, gekochter Schinken, Paprika, Chinakohl, Lauch und Pilze, auch Sprossen, Mais oder Reste von Reis.

Variante: Gebratener Mango-Reis mit Spiegelei

Im Wok 2 EL Öl erhitzen. 300 g feine Hähnchenbrustfiletstreifen darin 3 Minuten unter Rühren braten. Zwei gewürfelte rote Zwiebeln dazugeben und glasig braten. Das Fruchtfleisch von einer Mango würfeln und untermischen. 150 g Garnelen (Kühlregal), Schale und -saft von einer Limette sowie 1 TL flüssigen Honig hinzufügen. Kurz erhitzen. Gegarten Reis (250 g) und 2 EL TK-Petersilie unterheben. Die Reispfanne mit Salz, Pfeffer und ein paar Spritzern Tabasco würzen. Spiegeleier auf dem Mango-Reis anrichten.

Mit Nudeln, Reis und Getreide

Aus Wok und Pfanne

Mit Nudeln, Reis und Getreide

Zubereiten: 25 Minuten

Gebratener Gemüsereis mit Flusskrebsen

Für 4 Portionen

- 500 ml Gemüsebrühe
- 250 g Basmatireis
- 1 EL Butter
- 200 g Möhren
- 1 Bund Frühlingszwiebeln
- 2 Knoblauchzehen
- 2 EL Öl
- 200 g gegarte Flusskrebsschwänze (Kühlregal)
- 100 g geröstete, gesalzene Cashewkerne
- Salz
- frisch gemahlener Pfeffer

Pro Portion:
510 kcal; 19 g Eiweiß; 62 g Kohlenhydrate; 20 g Fett; 5 g Ballaststoffe

1. In einem Topf die Gemüsebrühe zum Kochen bringen. Den Reis mit ½ EL Butter hineingeben und die Brühe einmal kurz aufkochen lassen. Den Reis zugedeckt bei schwacher Hitze in 18–20 Minuten ausquellen lassen, bis er alle Flüssigkeit aufgenommen hat.

2. Inzwischen die Möhren putzen, schälen und in feine Streifen schneiden. Die Frühlingszwiebeln waschen, putzen und in feine Streifen schneiden. Knoblauch schälen und fein hacken.

3. Das Öl im Wok oder in einer großen Pfanne erhitzen. Knoblauch darin kurz braten, dann das Gemüse hinzufügen und alles zusammen unter Rühren 2–3 Minuten braten.

4. Den Reis und die übrige Butter (½ EL) dazugeben und unterheben. Die Krebse und die Cashewkerne untermischen; das Ganze weitere 2–3 Minuten bei schwacher Hitze unter Wenden braten. Mit Salz und Pfeffer würzen.

Das schmeckt dazu

Zum Bratreis passen verschiedene Gewürze und frische Gemüse, beispielsweise Chiliflocken, Limettenviertel, Fischsauce, Sprossen und Schnittlauch. Die Würzzutaten am besten in Schälchen auf den Tisch stellen, damit sich jeder die Zutaten nach Belieben unter seine Portion mischen kann.

Alternative

Für eine vegetarische Variante anstelle von Flusskrebsen Tofuwürfel im heißen Öl goldgelb braten. Erst Knoblauch und Gemüse, dann Reis und Cashewkerne untermischen und den gebratenen Reis fertigstellen.

Variante: Spargel-Bratreis mit Garnelen

Basmatireis wie in Schritt 1 beschrieben garen. 250 g rohe geschälte Garnelen mit 2 TL Sesamöl beträufeln. 300 g grünen Spargel putzen, schälen, längs halbieren und schräg in 3–4 cm breite Stücke schneiden. 2 EL Öl im Wok erhitzen. Garnelen und 2 EL Sesamsamen unter Rühren 2–3 Minuten braten; herausnehmen. 1 EL Butter im Wok erhitzen. Eine gehackte Knoblauchzehe, 20 g gehackten Ingwer, vier in Ringe geschnittene Frühlingszwiebeln und die Spargelstücke dazugeben. Alles 2–3 Minuten braten, bis der Spargel bissfest ist. Reis und Garnelen unter Rühren 2 Minuten mitbraten. Bratreis mit 3 EL Sojasauce abschmecken.

Aus Wok und Pfanne

Mit Nudeln, Reis und Getreide

Zubereiten: 25 Minuten
Gelber Mandel-Reis mit Spinat

Für 4 Portionen

3 EL Öl
300 g Jasminreis
2 TL gemahlener Kurkuma
½ TL gemahlener Koriander
1 Stück Zimtstange
1 Gewürznelke
500 ml Gemüsebrühe
1 Zwiebel
1 Knoblauchzehe
1 rote Chilischote
200 g Blattspinat
2 EL gehackte Mandeln
Salz
frisch gemahlener Pfeffer

Pro Portion:
375 kcal; 8 g Eiweiß; 60 g Kohlenhydrate; 11 g Fett; 3,5 g Ballaststoffe

1. In einem Topf 1 EL Öl erhitzen. Den Reis darin bei schwacher Hitze anbraten. Kurkuma, Koriander, Zimtstange und Nelke dazugeben und die Brühe dazugießen. Aufkochen lassen und den Reis bei schwacher Hitze zugedeckt 20 Minuten ausquellen lassen, bis alle Flüssigkeit verbraucht ist.

2. Inzwischen die Zwiebel und die Knoblauchzehe schälen und fein würfeln. Die Chilischote längs aufschneiden, entkernen und fein würfeln. Den Spinat kurz abbrausen, trocken schütteln und verlesen, grobe Stiele entfernen.

3. Das übrige Öl (2 EL) in einer großen beschichteten Pfanne erhitzen. Zwiebeln, Knoblauch, Chilischote und Mandeln hineingeben und 1 Minute braten. Den Reis und den Blattspinat dazugeben und 2–3 Minuten mitbraten, dabei mehrmals wenden. Den Mandel-Reis mit Salz und Pfeffer würzen.

Das schmeckt dazu
Sie können gebratenen Spinat-Reis mit wachsweichen Eiern als vegetarisches Hauptgericht servieren. Er passt aber auch als Beilage zu einem Lammcurry oder knusprig gebratenem Hähnchen.

Zitronenwürze
Die Schale von ½ unbehandelten Zitrone mit dem Sparschäler ganz dünn abschälen und mit Reis und Gewürzen im heißen Öl andünsten. Die Zitronenschale vor dem Servieren aus dem Gericht nehmen.

Variante: Chili-Kokos-Reis mit Stangensellerie

2 TL Kreuzkümmel in einem Topf in 1 EL heißem Öl 1 Minute braten. 250 g Jasminreis kurz mitbraten. 200 ml Kokosmilch (Dose) und 250 ml Gemüsebrühe unter Rühren dazugießen; aufkochen lassen. Den Reis in 20 Minuten ausquellen lassen. In einer großen beschichteten Pfanne 2 EL Olivenöl erhitzen. Eine gewürfelte Zwiebel, zwei gewürfelte rote Chilischoten, drei gewürfelte Stangen Sellerie und 2 EL Kokosraspel hinzufügen und 2 Minuten dünsten. Den gegarten Reis hinzufügen und 3–4 Minuten unter Wenden mitbraten. Nach Belieben mit Koriandergrün bestreuen.

Griechische Reispfanne mit Putenbrust

Zubereiten: 25 Minuten

Für 4 Portionen

- 300 g Langkornreis
- Salz
- 500 g Putenbrustgeschnetzeltes
- 4 TL Gyrosgewürz
- 2 Knoblauchzehen
- 2 rote Paprikaschoten
- 2 Fleischtomaten
- 5 EL Olivenöl
- 1 TL getrockneter Oregano
- ½ TL rosenscharfes Paprikapulver
- frisch gemahlener Pfeffer
- 50 g TK-Petersilie
- 100 g Röstzwiebeln (Fertigprodukt)

Pro Portion:
615 kcal; 41 g Eiweiß; 76 g Kohlenhydrate; 15 g Fett; 10 g Ballaststoffe

1. Den Reis in kochendem Salzwasser nach Packungsangabe garen. Abgießen und gut abtropfen lassen. Inzwischen das Fleisch mit dem Gyrosgewürz vermischen. Knoblauch schälen und in feine Streifen schneiden.

2. Paprikaschoten halbieren, putzen und waschen, dann klein würfeln. Tomaten waschen, halbieren, entkernen und ebenfalls klein würfeln.

3. In einer großen Pfanne 3 EL Öl sehr heiß werden lassen. Das Geschnetzelte darin portionsweise in je 2–3 Minuten knusprig braten; herausnehmen und warm halten.

4. Das übrige Öl (2 EL) in einer zweiten Pfanne erhitzen. Knoblauch darin kurz anbraten. Paprikastücke dazugeben und 1 Minute mitbraten, Reis und Tomatenwürfel untermischen. Mit Oregano und Paprikapulver würzen und alles noch 2–3 Minuten unter Wenden erhitzen.

5. Die Reispfanne mit Salz und Pfeffer abschmecken; Petersilie unterheben. Auf Tellern anrichten; Geschnetzeltes und Röstzwiebeln darauf verteilen.

Typisch griechisch
100 g abgetropfte schwarze Kalamata-Oliven mit Stein vor dem Servieren unter die Reispfanne heben.

Alternativen
Pasta-Fans können den Reis durch kleine Nudeln (z. B. kurze Makkaroni oder Mini-Penne) ersetzen. Das Putengeschnetzelte lässt sich gegen geschnetzeltes Lammfleisch (Lende) austauschen.

Variante: Zitronen-Reispfanne mit Kalbfleisch

500 g Kalbsgeschnetzeltes mit 2 EL Olivenöl, 2 TL getrocknetem Thymian und 1 TL abgeriebener Zitronenschale mischen. Eine Grillpfanne mit 1 EL Olivenöl fetten und stark erhitzen, das Fleisch darin portionsweise in je 2–3 Minuten braten. Salzen und pfeffern; herausnehmen. 2 EL Olivenöl in einer zweiten Pfanne erhitzen. Eine gewürfelte rote Zwiebel darin glasig dünsten; zwei gehackte Knoblauchzehen und 300 g in Scheiben geschnittene kleine Zucchini 2 Minuten mitdünsten. Gegarten Reis (siehe Schritt 1) und 200 g angetaute TK-Erbsen untermischen. Alles 2–3 Minuten unter Wenden braten. Mit Salz, Pfeffer und 2 EL Zitronensaft kräftig würzen. Fleisch unterheben. Mit Zitronenvierteln garnieren.

Mit Nudeln, Reis und Getreide

Aus Wok und Pfanne

Zubereiten: 25 Minuten

Reispfanne mit Kräuterseitlingen

Für 4 Portionen

- 600 ml Gemüsebrühe
- 300 g Langkornreis
- 200 g TK–Erbsen
- 300 g Kräuterseitlinge
- 1 Aubergine (etwa 300 g)
- 1 Knoblauchzehe
- 6 Zweige Thymian oder 1 TL getrockneter Thymian
- 4 EL Olivenöl
- 75 g Baconstreifen (Kühlregal)
- Salz
- frisch gemahlener Pfeffer
- 1 Bund Petersilie

Pro Portion:
460 kcal; 17 g Eiweiß; 69 g Kohlenhydrate; 13 g Fett; 8 g Ballaststoffe

1. In einem Topf die Brühe aufkochen und den Reis darin bei schwacher Hitze in 20 Minuten ausquellen lassen. 3 Minuten, bevor der Reis gar ist und alle Flüssigkeit aufgenommen hat, die Erbsen dazugeben und mitgaren.

2. Inzwischen die Kräuterseitlinge putzen, abreiben und in dünne Scheiben schneiden. Die Aubergine putzen, waschen, trocken reiben, längs vierteln und in 5 mm dicke Scheiben schneiden. Knoblauch schälen und fein hacken. Vom Thymian die Blätter abzupfen und fein hacken.

3. In einer großen Pfanne 1 EL Öl stark erhitzen. Den Speck darin in 2 Minuten knusprig ausbraten. Pilze und Auberginen mit dem übrigen Öl (3 EL) dazugeben und bei starker Hitze 3 Minuten mitbraten.

4. Knoblauch und Thymian untermischen; das Gemüse salzen, pfeffern und bei schwacher Hitze noch 2 Minuten unter Rühren braten.

5. Petersilie abbrausen und trocken schütteln. Die Blätter abzupfen und hacken. Den Erbsen-Reis unter das Gemüse mischen. Das Gericht mit Salz und Pfeffer abschmecken und die Petersilie unterheben.

Das schmeckt dazu
Ein Stück Parmesan (etwa 40 g) in Späne hobeln oder fein reiben und vor dem Servieren auf die Reispfanne mit Kräuterseitlingen streuen.

Alternative
Kräuterseitlinge sind Zuchtpilze und Verwandte der Austernpilze. In Aussehen und Geschmack ähneln sie jedoch eher Steinpilzen. Ihr festes, helles Fleisch schmeckt aromatisch und leicht nussig. Im Herbst können Sie die Kräuterseitlinge durch frische Steinpilze ersetzen.

Variante: Reispfanne mit Pfifferlingen

Den Reis wie in Schritt 1 beschrieben garen. In einer großen Pfanne 4 EL Olivenöl erhitzen. 75 g Baconstreifen darin knusprig braten. 400 g geputzte Pfifferlinge, vier in Streifen geschnittene Schalotten und zwei gehackte Knoblauchzehen darin 1–2 Minuten braten. Salzen und pfeffern. Reis, 250 g halbierte gelbe und rote Kirschtomaten sowie 1 TL gehackten Rosmarin dazugeben und 1–2 Minuten unter Wenden mitbraten. Mit Salz und Pfeffer kräftig würzen.

Mit Nudeln, Reis und Getreide

Aus Wok und Pfanne

Mit Nudeln, Reis und Getreide

Zubereiten: 30 Minuten

Kräuter-Reispuffer mit Mango-Dip

Für 4 Portionen

150 g gekochter Reis
125 g Mehl
Salz
2 TL Currypulver
2 Eier
250 ml Kokosmilch (Dose)
3 Stängel Minze
4 Stängel Petersilie
2–3 EL Butterschmalz
1 kleine reife Mango (etwa 300 g)
4 EL Limettensaft
2 TL brauner Zucker
2 EL Chilisauce (möglichst mit Ingwer)
Minze oder Petersilie zum Garnieren (nach Belieben)

Pro Portion:
400 kcal; 11 g Eiweiß; 40 g Kohlenhydrate; 22 g Fett; 2,5 g Ballaststoffe

1. Den Reis mit dem Mehl, ½ TL Salz, dem Currypulver, den Eiern und der Kokosmilch verrühren. Minze und Petersilie abbrausen und trocken schütteln. Die Blätter abzupfen und fein hacken; unter die Reismasse rühren.

2. Backofen auf 100 °C vorheizen. Das Butterschmalz in zwei beschichteten Pfannen erhitzen. Den Teig esslöffelweise hineingeben, flach drücken und bei mittlerer Hitze in 4 Minuten goldgelb braten, dabei einmal wenden. Die fertigen Puffer im Ofen warm halten.

3. Die Mango schälen, das Fruchtfleisch vom Stein schneiden und grob würfeln. In einer hohen Schüssel die Mangowürfel mit Limettensaft, Zucker und Chilisauce pürieren. Mit Salz abschmecken.

4. Die Reispuffer mit dem Mango-Dip anrichten. Nach Belieben mit Minze und Petersilie garnieren.

Das schmeckt dazu
Ein grüner Blattsalat mit Tomaten, angemacht mit einer Honig-Senf-Vinaigrette, passt perfekt zu den Reispuffern.

Alternative
Die Masse für die Reispuffer können Sie beliebig variieren: Winzige Möhrenwürfel, fein geschnittene Frühlingszwiebeln, kleine Schinkenwürfel, gehackte Zwiebeln, Knoblauch oder Chiliringe, auch etwas Sesam, gehackte Erdnusskerne oder Gewürze wie Chili- oder Paprikapulver sorgen für neue Geschmackserlebnisse.

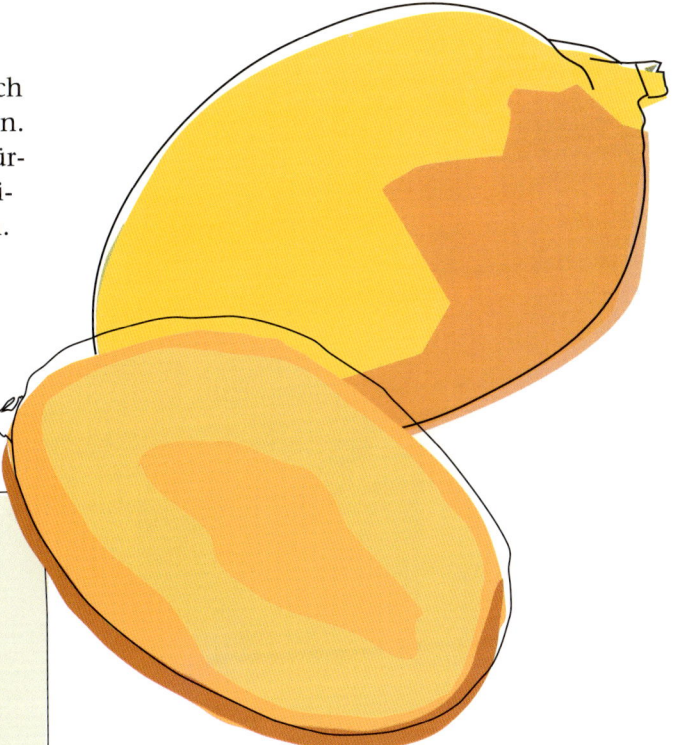

Variante: Chili-Reispuffer mit Avocadomus

150 g gekochten Reis mit 125 g Mehl, ½ TL Salz, 2 Eiern und 250 ml Milch verrühren. 1 EL abgetropfte rote oder grüne Jalapeño-Chilis (Glas) fein schneiden. Mit 140 g abgetropften Maiskörnern (Dose) unter die Reismasse heben. Die Puffer wie in Schritt 2 beschrieben braten (jedoch Olivenöl statt Butterschmalz nehmen) und warm halten. Das Fruchtfleisch von 2 kleinen Avocados mit 2 EL Zitronensaft beträufeln und mit einer Gabel zerdrücken. Eine gewürfelte Schalotte und 1 EL gehacktes Koriandergrün unter das Avocadomus heben. Avocado-Dip mit Salz und Pfeffer abschmecken und zu den Chili-Reispuffern servieren.

Aus Wok und Pfanne

Mit Nudeln, Reis und Getreide

Zubereiten: 25 Minuten
Dinkelpfanne mit Zucchini

Für 4 Portionen

| 500 ml Gemüsebrühe |
| 300 g vorgegarte Dinkelkörner (z. B. „Dinkel wie Reis") |
| 400 g junge Zucchini |
| 1 Zwiebel |
| 1 Knoblauchzehe |
| 200 g Kirschtomaten |
| 3 EL Olivenöl |
| Salz |
| frisch gemahlener Pfeffer |
| 2 TL edelsüßes Paprikapulver |
| 50 g geriebener Parmesan |
| 1 Bund Basilikum |

Pro Portion:
410 kcal; 15 g Eiweiß; 53 g Kohlenhydrate; 15 g Fett; 9,5 g Ballaststoffe

1. In einem Topf die Brühe zum Kochen bringen. Den Dinkel darin zugedeckt bei schwacher Hitze 10 Minuten garen, bis er alle Flüssigkeit aufgenommen hat.

2. Inzwischen die Zucchini waschen, putzen und längs in dünne Scheiben schneiden. Zwiebel und Knoblauch schälen und fein würfeln. Die Tomaten waschen und halbieren.

3. Öl in einer großen Pfanne erhitzen. Zucchini und Zwiebeln darin 3–4 Minuten unter Rühren braten. Den Dinkel hinzufügen und 2 Minuten mitbraten. Die Dinkelmischung mit Salz, Pfeffer und Paprikapulver würzen.

4. Die Kirschtomaten und 40 g Parmesan unterheben; 2–3 Minuten ziehen lassen. Basilikumblätter abzupfen und, bis auf ein paar Blätter, grob hacken. Das gehackte Basilikum unter die Dinkelpfanne mischen. Das Gericht mit den ganzen Blättern garnieren und servieren.

Das schmeckt dazu
Zur mediterranen Dinkelpfanne passt kurzgebratenes helles Fleisch wie Kalbs- oder Putenschnitzel sehr gut. Sie können die Pfanne aber auch als vegetarisches Hauptgericht mit Rühr- oder Spiegeleiern servieren.

Alternative
Vorgegarte Dinkelkörner, z. B. „Dinkel wie Reis", sind wie Zartweizen oder Kurzzeit-Naturreis eine ideale Blitzzutat für Pfannengerichte. Diese Produkte sind in Rezepten beliebig gegeneinander austauschbar, da sie alle eine Garzeit von etwa 10 Minuten haben.

Variante: Dinkel-Mangold-Pfanne

Von 500 g Mangold die Stiele in ½ cm breite Stücke und die Blätter in 2 cm breite Streifen schneiden. 3 EL Olivenöl in einer großen Pfanne erhitzen. Die Mangoldstiele, 200 g in dünne Scheiben geschnittene Möhren und eine gehackte Zwiebel darin 3–4 Minuten unter Rühren braten. Eine gehackte Knoblauchzehe dazugeben, dann die Mangoldblätter mit gegartem Dinkel (300 g; Schritt 1) untermischen. Alles 2 Minuten braten. Das Gericht mit 1 EL Tomatenpesto, Salz und Pfeffer würzen. Mit 100 g zerbröckeltem Ziegenfrischkäse bestreuen.

Aus Wok und Pfanne

Zubereiten: 25 Minuten

Zartweizen-Gemüse-Pfanne mit Bacon

Für 4 Portionen

1 Kohlrabi
2 Möhren
150 g Zuckerschoten
1 Zwiebel
1 Knoblauchzehe
3 EL Öl
300 g parboiled Zartweizen (z. B. Ebly®)
600 ml Gemüsebrühe
3–4 Zweige Majoran oder 1 TL getrockneter Majoran
Salz
frisch gemahlener Pfeffer
150 g Bacon, in dünnen Scheiben
2 EL Crème fraîche

Pro Portion:
460 kcal; 21 g Eiweiß; 60 g Kohlenhydrate; 15 g Fett; 13 g Ballaststoffe

1. Kohlrabi und Möhren putzen, schälen und beides in etwa 1 cm kleine Würfel schneiden. Die Zuckerschoten waschen und schräg halbieren. Zwiebel und Knoblauch schälen und fein hacken.

2. In einer großen Pfanne 2 EL Öl erhitzen. Zwiebel, Kohlrabi- und Möhrenwürfel sowie den Zartweizen dazugeben. Alles unter Wenden 2–3 Minuten braten, dann Zuckerschoten und Knoblauch untermischen und kurz mitbraten. Die Brühe dazugießen und aufkochen, dann alles offen 10 Minuten köcheln lassen, bis der Zartweizen die Flüssigkeit aufgenommen hat.

3. Inzwischen den Majoran abbrausen. Die Blättchen abstreifen, hacken und unter das Zartweizen-Gemüse mischen. Salzen und pfeffern.

4. Das übrige Öl (1 EL) in einer zweiten Pfanne erhitzen. Die Baconscheiben darin portionsweise knusprig ausbraten. Herausnehmen und auf Küchenpapier abtropfen lassen. Crème fraîche unter das Gericht rühren. Mit Bacon garnieren und servieren.

Kräuter-Würze
Bringen Sie frische Aromen ins Spiel, indem Sie noch gehackte gemischte Kräuter (z. B. Petersilie, Schnittlauch, Dill und Basilikum) unter die Zartweizen-Gemüse-Pfanne heben.

Reste verwerten
Falls von dem Gericht etwas übrig bleibt, können Sie die noch lauwarme Mischung mit etwas weißem Balsamico-Essig und/oder Zitronensaft sowie Olivenöl anmachen. Mit Salz und Pfeffer abschmecken und durchziehen lassen. Am nächsten Tag als Salat servieren.

Variante: Paprika-Zartweizen-Pfanne mit Kasseler

2 EL Olivenöl in einer großen Pfanne erhitzen. Eine gewürfelte Zwiebel und 500 g rote, gelbe und grüne gewürfelte Paprikaschoten darin unter Rühren 3 Minuten braten. 300 g Zartweizen und eine gehackte Knoblauchzehe hinzufügen, 2 Minuten mitbraten. 600 ml Gemüsebrühe dazugießen; Getreide in 10 Minuten ausquellen lassen. Inzwischen 250 g gegartes Kasseler (ohne Knochen) in 1 cm kleine Würfel schneiden. Unter Gemüse und Getreide mischen und erwärmen. Mit Salz und Pfeffer sowie 2 TL edelsüßem und 1 TL rosenscharfem Paprikapulver würzen. Mit Schnittlauchröllchen bestreuen und mit saurer Sahne servieren.

Mit Nudeln, Reis und Getreide

Aus Wok und Pfanne

Zubereiten: 30 Minuten

Orientalischer Couscous mit Kürbis

Für 4 Portionen

250 g Couscous
Salz
500 g Hokkaido-Kürbis
200 g Zuckerschoten
100 g getrocknete Soft-Aprikosen
400 g Hähnchenbrustfilet
4 EL Olivenöl
frisch gemahlener Pfeffer
1 TL gemahlener Kreuzkümmel
1–2 TL Harissa (Chilipaste) oder 1 EL Harissa-Gewürzmischung
100 ml Gemüsebrühe
100 ml Orangensaft
2 EL gehackte Minze

Pro Portion:
530 kcal; 35 g Eiweiß; 69 g Kohlenhydrate; 12 g Fett; 11 g Ballaststoffe

1. Den Couscous mit 300 ml kochendem Salzwasser übergießen und 2–3 Minuten bzw. nach Packungsangabe quellen lassen.

2. Den Kürbis waschen, Kerne und Fasern entfernen. Das Fruchtfleisch (mit Schale) in 2 cm breite Spalten und diese quer in dünne Scheiben schneiden. Die Zuckerschoten waschen und schräg halbieren. Die Aprikosen klein würfeln. Hähnchenbrustfilet trocken tupfen und in feine Streifen schneiden.

3. In einer großen Pfanne 2 EL Öl erhitzen. Das Fleisch darin in zwei Portionen in je 3 Minuten bei starker Hitze anbraten. Herausnehmen; mit Salz, Pfeffer und Kreuzkümmel würzen.

4. Das übrige Öl (2 EL) in der Pfanne erhitzen. Die Kürbisscheiben darin bei mittlerer Hitze 3 Minuten unter Wenden braten. Zuckerschoten und Aprikosen hinzufügen, 2 Minuten mitbraten. Mit Salz, Pfeffer und Harissa würzen. Brühe und Orangensaft dazugießen. Bei starker Hitze 3 Minuten fast einkochen lassen.

5. Den Couscous und das Fleisch unter das Gemüse mischen. Alles noch 2 Minuten unter Wenden braten. Salzen, pfeffern und die Minze untermischen.

Das schmeckt dazu
Mit Salz und 1–2 TL Zitronensaft gewürzter Joghurt lindert Chilischärfe und passt sehr gut zur orientalischen Couscouspfanne.

Plus Curry-Mandeln
80 g Mandelstifte in 1 EL zerlassener Butter goldbraun rösten. Mit 1 TL Currypulver bestäuben und alles kurz weiterrösten. Die Curry-Mandeln unter die Couscouspfanne mischen.

Variante: Paprika-Bulgur-Pfanne mit Datteln

250 g Bulgur in 500 ml kochendes Salzwasser streuen und zugedeckt bei schwacher Hitze 10 Minuten bzw. nach Packungsangabe garen. In einer großen Pfanne 2 EL Olivenöl erhitzen. 400 g Putenbrustgeschnetzeltes darin in zwei Portionen in je 2–3 Minuten anbraten. Herausnehmen; salzen und pfeffern. Eine gelbe und eine rote gewürfelte Paprikaschote in 2 EL Olivenöl 3 Minuten braten. Mit 1 TL gemahlenem Kreuzkümmel, 1 TL Currypulver und 2 Msp. Chiliflocken würzen; salzen. 200 ml Gemüsebrühe und 100 g in Streifen geschnittene, entsteinte Datteln dazugeben. Offen 5 Minuten köcheln lassen. Bulgur und Fleisch unterheben. 1 EL gehackte Petersilie und 1 EL gehackten Dill untermischen; servieren.

Mit Nudeln, Reis und Getreide

Aus Wok und Pfanne

Zubereiten: 25 Minuten

Rindergeschnetzeltes mit grünen Bohnen

Für 4 Portionen

| 450 g TK-grüne-Bohnen |
| Salz |
| 250 g Kirschtomaten |
| 1 Zwiebel |
| 2 Knoblauchzehen |
| 2 EL Olivenöl |
| 600 g Rindfleisch (Filet oder Rumpsteak), in dünnen Streifen |
| frisch gemahlener Pfeffer |
| 1 EL Butter |
| 100 ml Rinderfond (Glas) |
| 20 Kapernäpfel (etwa 125 g) |
| 2 EL Zitronensaft |
| 10 Basilikumblätter |

Pro Portion:
420 kcal; 37 g Eiweiß; 23 g Kohlenhydrate; 20 g Fett; 7,5 g Ballaststoffe

1. Die Bohnen in kochendem Salzwasser 4 Minuten kochen. Abgießen, abschrecken und gut abtropfen lassen.

2. Inzwischen die Tomaten waschen und halbieren. Die Zwiebel schälen, halbieren und in feine Streifen schneiden. Den Knoblauch schälen und fein würfeln.

3. In einer großen Pfanne das Öl erhitzen. Das Fleisch darin in zwei Portionen bei starker Hitze rundherum 2–3 Minuten braten, dann salzen und pfeffern. Herausnehmen; auf einen Teller geben und zugedeckt beiseitestellen.

4. Die Butter in der Pfanne zerlassen. Zwiebel und Knoblauch darin glasig dünsten. Die Bohnen hinzufügen und 2 Minuten mitbraten. Mit Salz und Pfeffer würzen. Mit dem Fond ablöschen und kurz aufkochen lassen. Fleisch, Kapernäpfel und Tomaten untermischen, kurz erwärmen. Mit Zitronensaft, Salz und Pfeffer würzen. Die Basilikumblätter unter das Gericht heben.

Das schmeckt dazu

Kleine Nudeln wie Penne oder Piccolini passen sehr gut zur italienisch inspirierten Rindfleischpfanne. Auch Baguette oder Fladenbrot sind als unkomplizierte Beilage geeignet.

Besonders cremig

Das Gemüse mit dem Rinderfond ablöschen, dann 150 g Crème fraîche unterrühren. Einmal aufkochen lassen und mit 1 EL dunklem Saucenbinder andicken. Fleisch, Tomaten und Kapernäpfel in der Sauce 2–3 Minuten ziehen lassen. Gericht wie beschrieben fertigstellen.

Variante: Chinapfanne mit Rindfleisch

TK-grüne-Bohnen wie beschrieben garen (Schritt 1). 500 g Rindergeschnetzeltes in 2 EL Öl im Wok portionsweise unter Rühren braten. Herausnehmen; salzen und pfeffern. Eine in Streifen geschnittene rote Paprikaschote in 2 EL heißem Öl 3 Minuten braten. 1 EL gehackten Ingwer, 2 gehackte Knoblauchzehen, 150 g in Streifen geschnittene Austernpilze, 150 g zerkleinerte Shiitakepilze und die Bohnen dazugeben. Alles unter Rühren 2 Minuten mitbraten. Mit 100 ml Fleischbrühe ablöschen. Fleisch untermischen und heiß werden lassen. Das Gericht mit 2–3 EL Sojasauce, 2 EL Austernsauce und 1–2 TL Sambal Oelek würzen. Mit Kresse bestreuen und servieren.

Mit Fleisch und Geflügel

Aus Wok und Pfanne

Mit Fleisch und Geflügel

Zubereiten: 25 Minuten

Curry-Geschnetzeltes mit Lauch und Äpfeln

Für 4 Portionen

- 500 g Schweinefilet
- 2 Stangen Lauch
- 2 säuerliche Äpfel (z. B. Elstar)
- 2 EL Butterschmalz
- Salz
- frisch gemahlener schwarzer Pfeffer
- 1 EL Currypulver
- ½ Bund Schnittlauch
- 125 ml Hühnerbrühe
- 200 g Sahne
- 1 EL heller Saucenbinder
- 1–2 TL Zitronensaft

Pro Portion:
325 kcal; 30 g Eiweiß; 11 g Kohlenhydrate; 18 g Fett; 2,5 g Ballaststoffe

1. Das Schweinefilet trocken tupfen, einmal längs halbieren, dann in dünne Scheiben schneiden. Den Lauch putzen, längs aufschneiden, gründlich abbrausen und in schmale Ringe schneiden. Die Äpfel vierteln, entkernen und schälen. Die Viertel in dünne Spalten schneiden.

2. In einer großen Pfanne 1 EL Butterschmalz erhitzen. Das Fleisch darin portionsweise in 2–3 Minuten scharf anbraten. Aus der Pfanne nehmen, salzen und pfeffern.

3. Das restliche Butterschmalz (1 EL) in der Pfanne erhitzen. Lauchringe und Apfelspalten dazugeben; mit Curry und Salz würzen und 4–5 Minuten braten.

4. Inzwischen den Schnittlauch abbrausen, trocken schütteln und in feine Röllchen schneiden.

5. Brühe und Sahne zum Curry-Gemüse gießen, den Saucenbinder unterrühren. Das Fleisch unterheben und das Gericht einmal kurz aufkochen lassen. Mit Salz, Pfeffer und Zitronensaft abschmecken. Mit den Schnittlauchröllchen bestreuen und servieren.

Das schmeckt dazu
Eine Reis-Wildreis-Mischung passt perfekt zum Schweinegeschnetzelten.

Ingwer-Würze
Für eine fruchtig-scharfe Note 1 TL fein geriebenen Ingwer zum Schluss unter das Gericht mischen.

Alternative
Statt Schweinefilet einfach die gleiche Menge Puten- oder Hähnchenbrustfilet nehmen.

Variante: Curry-Geschnetzeltes mit Zwetschgen

500 g Schweinefilet und 2 Stangen Lauch wie beschrieben zerkleinern (Schritt 1). Saft und Schale von 1 Limette mit 4 EL Sojasauce, 1 EL braunem Zucker und 2 TL Speisestärke verrühren. 2 EL Öl im Wok erhitzen. Das Fleisch darin portionsweise in 2–3 Minuten scharf anbraten, herausnehmen und warm halten. Weitere 2 EL Öl in der Pfanne heiß werden lassen. 1 EL Currypulver und 2 TL gemahlenen Koriander darüberstreuen, Lauch und 400 g entsteinte, halbierte Zwetschgen dazugeben. Alles 2–3 Minuten unter Rühren braten. Mit der Würzsauce und 100 ml Hühnerbrühe ablöschen; aufkochen lassen. Fleisch untermischen. Alles 3–4 Minuten köcheln. Salzen und pfeffern. Mit Reis servieren.

Aus Wok und Pfanne

Mit Fleisch und Geflügel

Zubereiten: 20 Minuten

Gebratenes Schweinefleisch mit Chinakohl

Für 4 Portionen

- 400 g Schweinegeschnetzeltes (Oberschale)
- frisch gemahlener Pfeffer
- 200 g Möhren
- 1 rote Paprikaschote
- 1 Chinakohl (etwa 600 g)
- 4 Frühlingszwiebeln
- 2 Knoblauchzehen
- 2 cm frischer Ingwer (etwa 20 g)
- 6 EL Sojasauce
- 1 EL flüssiger Honig
- 1 TL Sesamöl
- 1 EL Sambal Oelek
- 100 ml Hühnerbrühe
- 1 TL Speisestärke
- 2 EL Öl
- ½ Bund Koriandergrün

Pro Portion:
340 kcal; 27 g Eiweiß; 9 g Kohlenhydrate; 10 g Fett; 7,5 g Ballaststoffe

1. Das Fleisch mit Pfeffer würzen. Die Möhren putzen, schälen und in dünne Streifen schneiden. Die Paprikaschote waschen, putzen, vierteln und ebenfalls in Streifen schneiden.

2. Chinakohl putzen, waschen, längs vierteln und vom Strunk befreien, dann in 1 cm breite Streifen schneiden. Frühlingszwiebeln putzen, waschen und schräg in 3 cm lange Stücke schneiden. Knoblauch und Ingwer schälen und fein würfeln.

3. In einer kleinen Schüssel Sojasauce, Honig, Sesamöl und Sambal Oelek mit Brühe und Speisestärke verrühren.

4. Das Öl im Wok erhitzen. Das Geschnetzelte darin bei starker Hitze in zwei Portionen unter ständigem Rühren je 1–2 Minuten braten.

5. Alles Fleisch zurück in den Wok geben. Ingwer und Knoblauch hinzufügen und kurz mitbraten. Möhren, Paprika- und Chinakohlstreifen untermischen und unter ständigem Rühren 3–4 Minuten mitbraten.

6. Die Würzsauce dazugießen und die Frühlingszwiebeln untermischen. Das Ganze 2–3 Minuten köcheln lassen.

7. Koriandergrün waschen und trocken schütteln, die Blätter abzupfen und hacken. Das Gericht salzen und pfeffern. Mit Koriandergrün bestreuen und servieren.

Das schmeckt dazu

Weißer Patnareis oder chinesische Mie-Nudeln passen gleichermaßen zu diesem Wokgericht.

Aroma plus

In der Pfanne geröstete Cashewkerne vor dem Servieren über das Gericht streuen.

Variante: Schweinegeschnetzeltes mit Spitzkohl

400 g Spitzkohl in ½ cm breite Streifen schneiden. In einer großen Pfanne 2 EL Olivenöl erhitzen. 500 g Schweinegeschnetzeltes darin portionsweise braten. Salzen, pfeffern und auch die letzte Portion herausnehmen. 1 EL Butter in der Pfanne zerlassen. Zwei in Halbringe geschnittene Zwiebeln und den Spitzkohl darin 2–3 Minuten unter Wenden braten. 50 g in Streifen geschnittene getrocknete Tomaten (in Öl; abgetropft) und das Fleisch 2–3 Minuten mitbraten. 100 ml Gemüsebrühe, 100 g Sahne und 1 EL Tomatenmark verquirlen und dazugießen; einmal aufkochen lassen. Mit Salz, Pfeffer und 1–2 TL Zitronensaft würzen. Mit 2 EL Schnittlauchröllchen bestreuen und servieren. Dazu schmecken Nudeln.

Aus Wok und Pfanne

Zubereiten: 30 Minuten

Orientalische Lammfleischpfanne

Für 4 Portionen

750 g Möhren

2 rote Zwiebeln

2 Knoblauchzehen

250 g Blattspinat

4 EL Olivenöl

500 g Lammgeschnetzeltes (Lammlachse bzw. Lammrückenfilets)

Salz

frisch gemahlener Pfeffer

2 EL Tomatenmark

1 EL edelsüßes Paprikapulver

1–2 TL gemahlener Kreuzkümmel

1 Messerspitze gemahlener Zimt

500 ml Fleischbrühe

Pro Portion:
400 kcal; 47 g Eiweiß; 12 g Kohlenhydrate; 19 g Fett; 10 g Ballaststoffe

1. Möhren putzen und schälen; längs halbieren und schräg in ½ cm dünne Scheiben schneiden. Die Zwiebeln schälen, halbieren und in Streifen schneiden. Den Knoblauch schälen und fein hacken. Den Spinat waschen und putzen.

2. In einer großen Pfanne 2 EL Öl erhitzen. Das Fleisch darin portionsweise bei starker Hitze unter Rühren in 2 Minuten scharf anbraten. Herausnehmen, salzen und pfeffern; beiseitestellen.

3. Das restliche Öl (2 EL) in der Pfanne erhitzen. Zwiebeln und Möhren darin unter Rühren 5 Minuten braten. Knoblauch und Tomatenmark hinzufügen und kurz mitbraten. Das Fleisch untermischen, das Gericht mit Paprikapulver, Kreuzkümmel und Zimt würzen.

4. Die Brühe dazugießen. Das Gericht 2–3 Minuten köcheln lassen. Spinat untermischen. Mit Salz und Pfeffer abschmecken. Sofort mit Fladenbrot servieren.

Aroma plus
Gehackte Mandeln in einer Pfanne rösten und vor dem Servieren über das Geschnetzelte streuen.

Das schmeckt dazu
Rotes Linsengemüse passt perfekt dazu. Dafür eine gehackte Zwiebel und ein Bund fein gehacktes Suppengrün in 2 EL Olivenöl anbraten, 300 g rote Linsen 1 Minute mitbraten. 600 ml Gemüsebrühe dazugießen und alles 7–10 Minuten köcheln lassen. Mit Salz, Pfeffer und 2 EL Zitronensaft würzen. Gehackte Petersilie untermischen.

Variante: Lammgeschnetzeltes mit Champignons

500 g Lammgeschnetzeltes in 2 EL Olivenöl scharf anbraten, wie in Schritt 2 beschrieben. Aus der Pfanne nehmen, salzen und pfeffern. Zwiebeln und Knoblauch zerkleinern (Schritt 1) und mit 500 g halbierten weißen und braunen Champignons in 1 EL Butter in der Pfanne 3–4 Minuten unter Rühren braten. Mit 2 TL gehacktem Thymian würzen. 150 ml Fleischbrühe und 150 g Crème fraîche unterrühren; bei starker Hitze in 5 Minuten cremig einkochen lassen. Das Fleisch in die Sauce geben; salzen und pfeffern. Mit Schnittlauchröllchen bestreuen und mit Rösti oder Schupfnudeln servieren.

Mit Fleisch und Geflügel

Aus Wok und Pfanne

Zubereiten: 25 Minuten

Hähnchen-Brokkoli-Pfanne

Für 4 Portionen

- 500 g Hähnchenbrustfilet
- frisch gemahlener Pfeffer
- 500 g Brokkoliröschen
- 1 gelbe Paprikaschote
- 1 Bund Frühlingszwiebeln
- 2 Knoblauchzehen
- 4 EL Öl
- 100 g Cashewkerne
- 200 ml Gemüsebrühe
- 4 EL Sojasauce
- 4 EL süßscharfe Chilisauce (möglichst mit Ingwer)

Pro Portion:
420 kcal; 39 g Eiweiß; 16 g Kohlenhydrate; 23 g Fett; 6 g Ballaststoffe

1. Das Hähnchenfilet trocken tupfen und in etwa ½ cm dicke Scheiben schneiden. Mit Pfeffer würzen.

2. Die Brokkoliröschen waschen, längs halbieren oder vierteln. Die Paprikaschote längs vierteln, entkernen, waschen und quer in feine Streifen schneiden. Die Frühlingszwiebeln waschen, putzen und in 3 cm lange Stücke schneiden. Knoblauch schälen und fein hacken.

3. Im Wok oder in einer großen Pfanne 2 EL Öl erhitzen. Fleisch und Cashewkerne darin in zwei Portionen je 2–3 Minuten unter Rühren anbraten. Herausnehmen.

4. Übriges Öl (2 EL) in Wok oder Pfanne erhitzen. Brokkoli und Knoblauch darin unter Rühren 2 Minuten braten. Paprikastreifen und Frühlingszwiebeln hinzufügen und alles noch 2 Minuten mitbraten.

5. Die Brühe dazugießen und aufkochen lassen. Das Gericht mit Soja- und Chilisauce abschmecken. Das Fleisch unterheben und heiß werden lassen, dann die Cashewkerne hinzufügen. Mit Reis servieren.

Typische Chinawürze
Ingwer verleiht der Hähnchen-Brokkoli-Pfanne zusätzlich ein dezent scharfes Aroma. Dafür 30 g fein gewürfelten Ingwer mit Brokkoli und Knoblauch in Schritt 4 anbraten.

Alternative
Gut schmeckt die Hähnchenpfanne auch mit Romanesco (Saison: Ende Mai bis Ende Oktober) statt mit Brokkoli. Er hat ein besonders intensives Aroma.

Variante: Gebratener Chili-Brokkoli mit Putenfleisch

500 g Brokkoliröschen zerkleinern (Schritt 2). 500 g Putengeschnetzeltes pfeffern. 2 EL Olivenöl erhitzen, das Fleisch darin 2–3 Minuten braten; herausnehmen. 2 EL Olivenöl in der Pfanne erhitzen. Brokkoli 4 Minuten darin braten, dabei gelegentlich wenden. Zwei gehackte Knoblauchzehen und zwei gehackte Chilischoten (ohne Kerne) mitbraten. Alles zugedeckt 4 Minuten dünsten, dann Fleisch, geröstete Pinienkerne und 2 EL Rosinen untermischen. Mit Salz und Pfeffer würzen. Dazu schmeckt Ciabatta oder Stangenweißbrot.

Mit Fleisch und Geflügel

Aus Wok und Pfanne

Mit Fleisch und Geflügel

Zubereiten: 25 Minuten

Putengeschnetzeltes mit weißen Bohnen

Für 4 Portionen

1 Dose weiße Bohnen (Abtropfgewicht 250 g)
200 g Stangensellerie
1 große rote Paprikaschote
3 EL Olivenöl
600 g Putengeschnetzeltes
Salz
1–2 TL Cayennepfeffer
1 Zwiebel
2 Knoblauchzehen
1 Bund Petersilie
1 Dose gehackte Tomaten mit Kräutern (400 g)
100 ml Hühnerbrühe

Pro Portion:
300 kcal; 41 g Eiweiß; 10 g Kohlenhydrate; 10 g Fett; 6 g Ballaststoffe

1. Die Bohnen abgießen, abbrausen und gut abtropfen lassen. Den Sellerie waschen, putzen und in feine Scheiben schneiden. Die Paprikaschote halbieren, putzen, waschen und klein würfeln.

2. In einer großen Pfanne 2 EL Öl erhitzen. Das Fleisch darin in zwei Portionen unter Rühren jeweils 3 Minuten braten, mit Salz und Cayennepfeffer würzen; herausnehmen.

3. Zwiebel und Knoblauch schälen und fein würfeln. Petersilie abbrausen und trocken schütteln. Die Blätter abzupfen und grob hacken.

4. Das übrige Öl (1 EL) in der Pfanne erhitzen. Zwiebel, Knoblauch, Sellerie und Paprika darin unter Rühren 3 Minuten braten. Das Fleisch unterheben. Die Tomaten und die Bohnen hinzufügen, die Brühe dazugießen.

5. Das Geschnetzelte unter Rühren einmal aufkochen lassen. Mit Salz abschmecken. Mit Petersilie bestreuen und mit frischem Bauernbrot oder Reis servieren.

Das schmeckt dazu

Wer mehr Schärfe verträgt, kann statt Reis Chili-Reis zu dem Geschnetzelten servieren. Dafür 2 Chilischoten mit Samen in Ringe schneiden und in 1 EL Öl etwa 1 Minute braten. Die Chiliringe unter den gegarten Reis mischen.

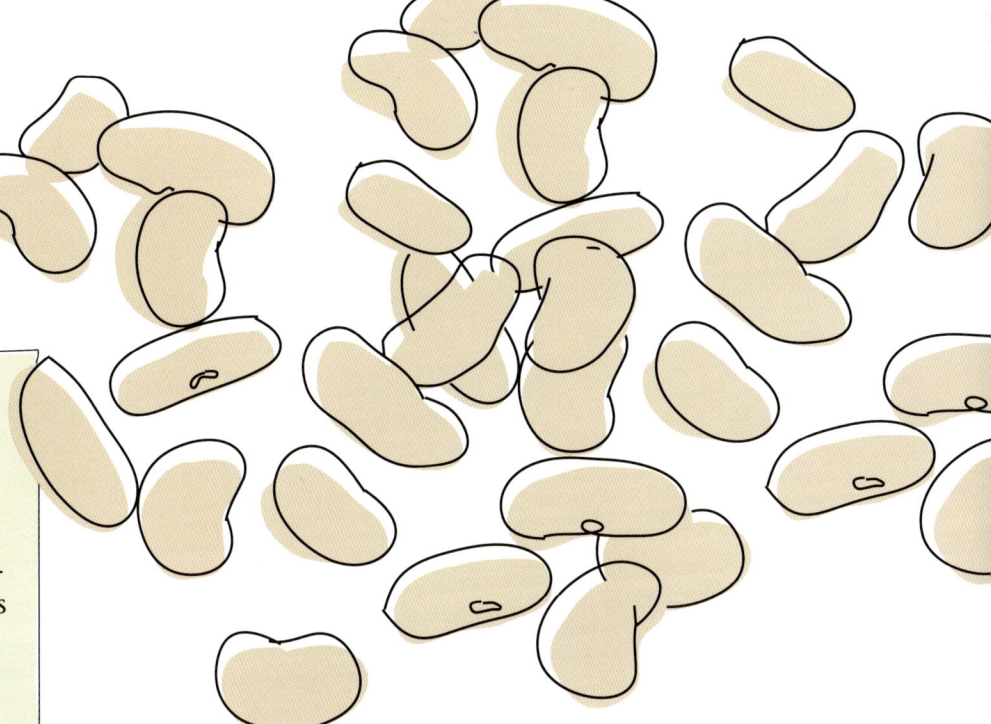

Variante: Puten-Mais-Pfanne

Das Putengeschnetzelte braten, aus der Pfanne nehmen und würzen (Schritt 2). Dann Zwiebel und Knoblauch in der Pfanne braten. 245 g abgetropfte Maiskörner (Dose) und 500 g halbierte Kirschtomaten dazugeben. 2 TL Chilipulver darüberstreuen, 5 EL Wasser untermischen und das Gemüse 3 Minuten dünsten. Das Fleisch und 10 Oliven mit Paprikafüllung untermischen. Mit Salz und Pfeffer würzen. Mit Basilikum bestreuen und mit Reis servieren.

Aus Wok und Pfanne

Mit Fleisch und Geflügel

Zubereiten: 30 Minuten

Entenbrust in Orangen-Sherry-Sauce

Für 4 Portionen

2 Entenbrustfilets (je etwa 350 g)
2 TL Fünf-Gewürz-Pulver
Salz
frisch gemahlener Pfeffer
4 rote Zwiebeln
2 Orangen
100 ml Hühnerbrühe
4 EL Sherry (Fino)
2 EL Mangochutney
2 Knoblauchzehen
1 rote Chilischote
2 EL Öl
½ Bund Koriandergrün

Pro Portion:
300 kcal; 36 g Eiweiß; 9 g Kohlenhydrate; 13 g Fett; 2,5 g Ballaststoffe

1. Die Haut von den Entenbrustfilets vorsichtig abziehen. Das Fleisch trocken tupfen und in ½ cm dicke Scheiben schneiden. Mit Fünf-Gewürz-Pulver, Salz und Pfeffer mischen.

2. Die Zwiebeln schälen und in Spalten schneiden. Orangen so dick schälen, dass auch die weiße Haut entfernt wird. Die Filets zwischen den Trennwänden herausschneiden, dabei den abtropfenden Saft auffangen (etwa 100 ml). Den Saft mit Brühe, Sherry und Mangochutney verrühren. Knoblauch schälen und fein hacken. Chilischote putzen, entkernen und fein würfeln.

3. Das Öl im Wok oder in einer großen Pfanne erhitzen. Das Fleisch darin unter Rühren portionsweise in 3 Minuten rundherum anbraten. Herausnehmen und zugedeckt warm halten. Die Zwiebeln im verbliebenen Fett in 3–4 Minuten glasig dünsten.

4. Knoblauch und Chili hizufügen und kurz mitbraten. Alles mit der Orangensaft-Mischung ablöschen und einmal aufkochen lassen. Fleisch und Orangenfilets unterheben; 2 Minuten ziehen lassen. Das Gericht mit Salz und Pfeffer abschmecken.

5. Koriandergrün abbrausen und trocken schütteln. Blätter abzupfen und grob hacken. Das Geschnetzelte mit Koriander bestreuen und mit Reis oder Reisnudeln anrichten.

Aroma plus

Von einer kleinen unbehandelten Orange die Schale mit einem Zestenschneider in feinen Streifen (Julienne) abziehen. Die Schalenstreifen mit Fleisch und Orangenfilets unter das Gericht heben.

Extra-Würze

50 g Entenbrusthaut würfeln, in einer Pfanne knusprig ausbraten und über das Gericht streuen.

Alternative

Das Entenbrustfilet durch geschnetzeltes Hähnchen- oder Putenbrustfilet, die Orangenfilets und den Orangensaft durch Ananasstücke und Ananassaft ersetzen.

Variante: Entenbrust mit Portwein und Trauben

Die Entenbrustfilets in Scheiben schneiden und würzen wie in Schritt 1 beschrieben. 6 EL roten Portwein, 2 EL Zitronensaft, Salz und Pfeffer verrühren. Das Fleisch in der Marinade mischen; 10 Minuten ziehen lassen. Aus der Marinade nehmen, trocken tupfen und in 2 EL Öl knusprig braten. Herausnehmen; beiseitestellen. Vier halbierte Schalotten, 400 g halbierte Champignons und 6 Salbeiblätter im heißen Bratfett 3 Minuten braten. Mit der Portweinmarinade, 150 ml Hühnerbrühe und 5 EL Sahne ablöschen. Fleisch und 300 g halbierte kernlose grüne Trauben hinzufügen; 3 Minuten köcheln lassen. Mit Salz und Pfeffer würzen, mit Petersilie bestreuen und mit Bandnudeln servieren.

6 x asiatische Dipsaucen

Zubereiten: 30 Min.
Süßscharfe Chilisauce

Für 4 Portionen

3 frische rote Chilischoten entkernen und fein zerkleinern. **2 cm frischen Ingwer (etwa 20 g)** und **2 Knoblauchzehen** schälen und fein hacken. **1 EL Öl** in einem Topf erhitzen. Chilistreifen, gehackten Ingwer und gehackten Knoblauch darin 1–2 Minuten anbraten. **60 g Rohrohrzucker** dazugeben und unter Rühren bei mittlerer Hitze schmelzen lassen. Alles mit **3 EL Weißweinessig** ablöschen. **200 g passierte Tomaten (Dose)**, **2 EL Rosinen** und **1 TL Chilipulver** untermischen. Aufkochen und offen 10–15 Minuten köcheln lassen, dabei ab und zu umrühren. Mit **Salz** würzen.

Die Sauce mit dem Stabmixer glatt pürieren. In saubere Schraubgläser füllen und verschließen. Passt zu vielen Wokgerichten mit Fleisch, Fisch und Gemüse.

Pro Portion:
100 kcal; 0,5 g Eiweiß; 19 g Kohlenhydrate; 2 g Fett; 0,5 g Ballaststoffe

Zubereiten: 30 Min.
Süßsaure Pflaumensauce

Für 4 Portionen

2 Knoblauchzehen und **2 cm frischen Ingwer (etwa 20 g)** schälen und fein würfeln. **2 Frühlingszwiebeln** in kleine Würfel schneiden. In einem Topf **1 EL Öl** erhitzen. Knoblauch, Ingwer und Frühlingszwiebeln darin 2 Minuten dünsten. **150 g Pflaumenmus**, **2 EL Hoisinsauce (Asienladen)**, **2 EL Sojasauce** und **2 EL Pflaumenwein oder Sherry fino** hinzufügen. **1 EL Reis- oder Obstessig**, **1 TL Fünf-Gewürz-Pulver** und **100 ml Gemüsebrühe** unterrühren. Das Ganze aufkochen und offen unter gelegentlichem Rühren 10–15 Minuten köcheln lassen, bis die Sauce dicklich ist.

Die Sauce mit dem Stabmixer pürieren, mit **Salz** und **Pfeffer** abschmecken. Heiß in Schraubgläser füllen. Die Pflaumensauce passt zu jeder Art von gegrilltem oder gebratenem Fleisch, ebenso als Dip zu Garnelen oder Frühlingsrollen.

Pro Portion:
115 kcal; 2 g Eiweiß; 20 g Kohlenhydrate; 3 g Fett; 2 g Ballaststoffe

Mit Fleisch und Geflügel

Zubereiten: 20 Min.
Cremige Erdnusssauce

Für 4 Portionen

2 cm frischen Ingwer (etwa 20 g) schälen und fein reiben. **100 g geröstete ungesalzene Erdnusskerne** fein mahlen. Den Ingwer und die gemahlenen Nüsse mit **300 ml Kokosmilch (Dose)** in einem Topf verrühren. **2 TL rote Thai-Currypaste**, **1 TL braunen Zucker**, **2 EL Sojasauce** und **1 TL gekörnte Brühe** dazugeben.

Die Mischung unter Rühren aufkochen und offen in 5 Minuten dicklich einköcheln lassen. Mit **1–2 EL Limettensaft** und **Salz** abschmecken. Lauwarm oder kalt servieren.

Die Erdnusssauce passt zu gebratenem oder gegrilltem hellem Fleisch, beispielsweise zu Hähnchenspießen (Saté).

Pro Portion:
295 kcal; 9 g Eiweiß; 4 g Kohlenhydrate; 27 g Fett; 3 g Ballaststoffe

Zubereiten: 30 Min.
Mangochutney

Für 4 Portionen

1 große reife Mango schälen, das Fruchtfleisch vom Stein schneiden und 1 cm groß würfeln. **2 cm frischen Ingwer (20 g)** schälen und fein würfeln. **1 kleine rote Chilischote** abbrausen. Mangowürfel, Ingwer und Chilischote mit **100 g Rohrohrzucker** in einem Topf mischen. Mit **½ TL Salz**, **1 TL Garam masala**, **50 ml weißem Balsamico-Essig** und **1 EL Limettensaft** würzen.

Die Mischung aufkochen und zugedeckt 10 Minuten bei schwacher Hitze köcheln, dann offen noch 10 Minuten bei starker Hitze unter Rühren einkochen lassen. Das Chutney soll nun die Konsistenz von Konfitüre haben.

Das Chutney in heiß ausgespülte Schraubgläser füllen. Es passt zu Fleisch- und Fischcurrys sowie zu frittiertem Gemüse.

Pro Portion:
155 kcal; 0,5 g Eiweiß; 36 g Kohlenhydrate; 0,5 g Fett; 1,5 g Ballaststoffe

Zubereiten: 15 Min.
Limetten-Chili-Fischsauce (Nam Pla Prik)

Für 4 Portionen

4–5 rote und grüne Thai-Chilischoten waschen und samt den Kernen in feine Röllchen schneiden. In ein Schälchen geben und mit dem Saft von **2 Limetten**, **4 TL braunem Zucker**, **8 EL Fischsauce** und **4 EL Wasser** verrühren. **1 Knoblauchzehe** schälen, fein würfeln und unterrühren.

3 Zweige Koriandergrün kurz abbrausen, trocken schütteln und die Blätter abzupfen. Korianderblättchen in die Sauce geben; die Sauce nach Belieben kurz durchziehen lassen.

Die Chili-Fischsauce ist eine Allround-Dip-Sauce für asiatische Gerichte, mit der jeder sein Essen individuell nachschärfen kann. Passt gut zu gebratenem Fisch, Garnelen, Fleisch und Geflügel.

Pro Portion:
165 kcal; 8 g Eiweiß; 24 g Kohlenhydrate; 4 g Fett; 3,5 g Ballaststoffe

Zubereiten: 20 Min.
Wasabi-Gurken-Dip

Für 4 Portionen

½ Salatgurke (etwa 200 g) schälen und längs halbieren. Die Hälften entkernen und grob raspeln. Die Raspel mit **Salz** bestreuen und 5 Minuten ziehen lassen. Inzwischen **250 g Joghurt** mit **Salz**, **Pfeffer**, **1 Prise Zucker**, **2 TL Wasabipaste** und **1–2 TL Limettensaft** verrühren.

Die Gurkenraspel in einem Sieb mit einem Löffel ausdrücken und unter den Joghurt mischen. **1 Schalotte** schälen, sehr fein würfeln und unterrühren. Zum Servieren in eine kleine Schüssel füllen.

In einem Schraubdeckelglas hält sich der Dip im Kühlschrank etwa eine Woche. Er passt zu frittiertem Gemüse sowie zu gebratenem Fisch und gebratenen Garnelen.

Pro Portion:
50 kcal; 2,5 g Eiweiß; 3,5 g Kohlenhydrate; 2,5 g Fett; 0,5 g Ballaststoffe

Hausgemachte Saucen als Mitbringsel

Ob chili-scharf, süß-sauer oder fruchtig und würzig: Selbst gemachte Dips und Saucen sind immer ein nettes Mitbringsel für Freunde, die gern in Wok oder Pfanne kochen und asiatisch essen. Füllen Sie die Köstlichkeiten in ein Schraubdeckelglas, bedecken Sie die Deckel z. B. mit einem farblich passenden Stück Baumwolltuch und umwickeln Sie dieses mit einem Band. Etikett aufkleben, und fertig ist das Geschenk! An einem dunklen kühlen Ort oder im Kühlschrank halten sich Erdnuss-, Chili- und Pflaumensauce sowie das Mangochutney mindestens 2–3 Monate. Die Limetten-Chili-Fischsauce und der Wasabi-Dip sollten innerhalb von einer Woche verbraucht werden.

Aus Wok und Pfanne

Zubereiten: 30 Minuten

Thai-Hähnchen-Curry mit Physalis

Für 4 Portionen

| 750 g Hähnchenbrustfilets |
| 2 Bund Frühlingszwiebeln |
| 1 Stängel Zitronengras |
| 4 EL Öl |
| 1–2 TL rote Currypaste |
| 150 ml Hühnerbrühe |
| 200 ml Kokosmilch (Dose) |
| 250 g Physalis (Kapstachelbeeren) |
| Salz |
| frisch gemahlener Pfeffer |
| 2 EL Limettensaft |

Pro Portion:
460 kcal; 48 g Eiweiß; 16 g Kohlenhydrate; 22 g Fett; 2,5 g Ballaststoffe

1. Die Hähnchenbrustfilets trocken tupfen und in 2 cm große Stücke schneiden. Die Frühlingszwiebeln waschen und putzen. Die weißen und grünen Teile getrennt schräg in Ringe schneiden.

2. Vom Zitronengras die harten Hüllblätter entfernen. Den unteren Teil des Stängels (etwa 10 cm) in feine Scheiben schneiden.

3. Im Wok 2 EL Öl erhitzen. Das Hähnchenfleisch darin portionsweise je 4–5 Minuten braten. Die weißen Frühlingszwiebelstücke, das Zitronengras und die Currypaste dazugeben und 30 Sekunden mitbraten. Brühe und Kokosmilch dazugießen, aufkochen und alles offen bei schwacher Hitze 4–5 Minuten kochen lassen.

4. Inzwischen die Physalis aus den Blatthüllen lösen, waschen und halbieren. In die Sauce geben und erwärmen. Das Gericht mit Salz, Pfeffer und Limettensaft würzen. Mit den grünen Frühlingszwiebeln bestreuen.

Das schmeckt dazu
Thailändischer Duftreis oder Basmatireis passen vorzüglich zu dem asiatischen Pfannengericht.

Typisch Thai
Koriandergrün wird in Fernost, ähnlich wie Petersilie bei uns, häufig vor dem Servieren über Gerichte gestreut. Damit sein Aroma erhalten bleibt, das Kraut nicht mitkochen.

Alternative
Mit Ananasstückchen statt mit Physalis schmeckt das Gericht ebenfalls gut.

Variante: Hähnchen-Chicorée-Pfanne mit Physalis

Hähnchenbrustfilets wie in Schritt 1 beschrieben vorbereiten und in 2 EL Öl portionsweise in je 3–4 Minuten unter Rühren braten. Mit Salz und Pfeffer würzen. Zwei in Streifen geschnittene rote Zwiebeln und etwa 500 g in Streifen geschnittenen Chicorée hinzufügen und 2 Minuten mitdünsten. Eine fein gewürfelte, entkernte Chilischote und 250 g halbierte Physalis, 2 EL Orangenmarmelade und 5 EL Hühnerbrühe untermischen; alles 1 Minute köcheln. Gericht abschmecken; mit Reis servieren.

Mit Fleisch und Geflügel

Kalbsgeschnetzeltes mit grünem Spargel

Zubereiten: 20 Minuten

Für 4 Portionen

400 g grüner Spargel
Salz
500 g Kalbsgeschnetzeltes (Oberschale)
75 g getrocknete Tomaten (in Öl, abgetropft)
1 Zwiebel
1 Dose Artischockenherzen (Abtropfgewicht 240 g)
3 EL Olivenöl
frisch gemahlener Pfeffer
1 EL Tomatenöl (von den Tomaten)
250 ml Kalbsfond (Glas)
1 EL dunkler Saucenbinder
½ Bund Basilikum

Pro Portion:
300 kcal; 29 g Eiweiß; 6 g Kohlenhydrate; 17 g Fett; 8,5 g Ballaststoffe

1. Den Spargel waschen, im unteren Drittel schälen und die harten Enden abschneiden. Die Stangen schräg in 4–5 cm breite Stücke schneiden. In kochendem Salzwasser 5 Minuten garen. Abgießen, abschrecken und abtropfen lassen.

2. Inzwischen das Fleisch trocken tupfen. Die Tomaten in Streifen schneiden. Die Zwiebel schälen und fein würfeln. Die Artischockenherzen vierteln.

3. In einer großen Pfanne das Öl erhitzen. Das Fleisch darin portionsweise in 2–3 Minuten scharf anbraten. Salzen, pfeffern und aus der Pfanne nehmen.

4. Die Zwiebel mit dem Tomatenöl zum Bratensatz geben und glasig dünsten. Tomaten, Spargel und Artischocken dazugeben und 1 Minute mitbraten.

5. Alles mit dem Fond ablöschen, aufkochen und 2 Minuten köcheln lassen. Die Sauce mit dem Saucenbinder andicken. Das Fleisch unterheben und heiß werden lassen. Mit Salz und Pfeffer abschmecken.

6. Die Basilikumblätter abzupfen und grob hacken. Das Gericht damit bestreuen. Nach Belieben geschroteten Pfeffer zum individuellen Würzen dazustellen.

Das schmeckt dazu
Zur italienisch inspirierten Kalbfleischpfanne passen Fusilli oder Tagliatelle sehr gut. Auch Gnocchi aus dem Kühlregal sind eine köstliche Beilage. Wer mag, kann noch etwas gehobelten Parmesan über das Gericht streuen.

Alternative
Für eine sahnige Version 150 g Crème fraîche mit 2 TL Speisestärke verquirlen, unter den Kalbsfond rühren und einmal aufkochen lassen. Danach die angebratenen Kalbfleischstreifen dazugeben.

Variante: Kalbfleisch mit Rucola und Kürbiskernen

500 g grünen Spargel wie in Schritt 1 beschrieben vorbereiten. 500 g Kalbsgeschnetzeltes in einer Pfanne in 3 EL Olivenöl 2–3 Minuten scharf anbraten; herausnehmen. Salzen und pfeffern. Den Spargel in 1 EL Olivenöl und 1 EL Butter in 2–3 Minuten unter Rühren braten. Mit Salz, Pfeffer und einer Prise Zucker würzen. Eine gewürfelte Knoblauchzehe, 50 g gehackte Rucolablätter und 50 g Kürbiskerne unter den Spargel mischen und erhitzen. Fleisch und 100 ml Hühnerbrühe hinzufügen, alles mit Salz und einer Prise Cayennepfeffer würzen. Mit geriebenem Parmesan bestreuen und servieren. Dazu schmeckt Baguette.

Mit Fleisch und Geflügel

Aus Wok und Pfanne

Zubereiten: 25 Minuten

Rinderfilet mit Paprika

Für 4 Portionen

je 1 rote und orange Paprikaschote
4 Schalotten
1 Knoblauchzehe
4 Cornichons
2 EL Öl
1 EL Butter
500 g Rinderfilet, in dünne Scheiben geschnitten
Salz
frisch gemahlener Pfeffer
2 TL edelsüßes Paprikapulver
2 TL Currypulver
100 ml trockener Rotwein
250 ml Rinderfond (Glas)
100 g Sahne
½ Bund Petersilie

Pro Portion:
320 kcal; 29 g Eiweiß; 5 g Kohlenhydrate; 20 g Fett; 3,5 g Ballaststoffe

1. Die Paprikaschoten waschen und putzen; längs vierteln, entkernen und quer in feine Streifen schneiden. Die Schalotten schälen und in dünne Streifen schneiden. Den Knoblauch schälen und klein würfeln. Die Cornichons in dünne Scheiben schneiden.

2. In einer großen Pfanne das Öl und die Butter erhitzen. Die Filetscheiben darin portionsweise auf jeder Seite etwa 1 Minute braten. Auf einen Teller geben. Mit Salz und Pfeffer würzen.

3. Schalotten, Knoblauch, Paprikastreifen und Cornichons im Bratsatz 2–3 Minuten braten. Mit Paprika- und Currypulver bestäuben, kurz anschwitzen. Rotwein und Fond dazugießen; aufkochen lassen. Die Sahne untermischen und die Flüssigkeit bei starker Hitze in 5 Minuten sämig einkochen lassen.

4. Die Petersilie waschen und trocken schütteln. Die Blätter abzupfen, hacken und unter das Gemüse in der Pfanne rühren. Zum Schluss die Filetscheiben unterheben und heiß werden lassen.

Das schmeckt dazu
Kartoffelpüree ist eine passende Beilage zum Rindergeschnetzelten. Auch TK-Rösti, Reis oder Makkaroni sind gut geeignet.

Alternative
Das zarte Filet von Kalb, Hähnchen oder Pute bietet sich anstelle von Rinderfilet an. In dem Fall den Rotwein durch Weißwein ersetzen und statt Rinderfond Hühner- oder Kalbsfond nehmen.

Variante: Kalbsgeschnetzeltes mit Gurken

600 g Salatgurke schälen, halbieren und entkernen. Die Hälften in 1 cm breite Scheiben schneiden. 500 g Kalbsgeschnetzeltes in 2 EL Mehl wenden und in 2 EL Öl bei starker Hitze 2–3 Minuten unter Rühren anbraten. Salzen, pfeffern und herausnehmen. 2 EL Öl im Bratfett erhitzen. Eine in Streifen geschnittene Zwiebel und die Gurkenstücke darin unter Wenden 2 Minuten braten. 200 ml Gemüsebrühe und 150 g Sahne dazugießen; 5 Minuten offen kochen lassen. Je 1 EL körnigen und scharfen Senf einrühren. Das Fleisch unterheben und heiß werden lassen. Das Gericht abschmecken und mit Reis servieren.

Aus Wok und Pfanne

Mit Fleisch und Geflügel

Zubereiten: 20 Minuten
Geflügelleber mit Pfirsichen

Für 4 Portionen

| 600 g Geflügellebern |
| 2 EL Mehl |
| 2 Bund Frühlingszwiebeln |
| 1 Knoblauchzehe |
| 3 EL Olivenöl |
| 8–10 Salbeiblätter |
| 75 ml Hühnerbrühe |
| 3 EL Balsamico-Essig |
| 2 EL flüssiger Honig |
| 1 Dose Pfirsichhälften (240 g Abtropfgewicht) |
| Salz |
| frisch gemahlener Pfeffer |

Pro Portion:
500 kcal; 30 g Eiweiß; 61 g Kohlenhydrate; 15 g Fett; 2,5 g Ballaststoffe

1. Die Lebern abspülen, trocken tupfen und in Stücke schneiden. In dem Mehl wälzen, überschüssiges Mehl abklopfen. Frühlingszwiebeln putzen, waschen und schräg in Ringe schneiden. Knoblauchzehe schälen und fein würfeln.

2. In einer großen Pfanne das Öl erhitzen. Die Lebern darin bei starker Hitze in 3 Minuten kräftig anbraten. Knoblauch, Frühlingszwiebeln und Salbeiblätter dazugeben und alles noch 1 Minute braten.

3. Die Brühe dazugießen, Balsamico-Essig und Honig untermischen. Alles bei mittlerer Hitze in 3 Minuten einkochen lassen.

4. Pfirsiche abtropfen lassen, in Spalten schneiden und 2 Minuten mitgaren. Das Gericht mit Salz und Pfeffer würzen. Sofort servieren.

Das schmeckt dazu
Polenta oder Baguette und ein grüner Salat machen die Geflügelleberpfanne zu einem vollständigen Hauptgericht.

Alternative
Statt Leber können Sie Kalbs-, Puten- oder Schweinegeschnetzeltes verwenden. Die Bratzeit ändert sich nicht.

Variante: Geschnetzelte Kalbsleber mit Äpfeln

600 g Kalbsleber trocken tupfen und quer in feine Streifen schneiden. In 2 EL Öl und 1 EL Butter portionsweise je 3–4 Minuten braten. Herausheben, salzen und pfeffern. Zwei in Ringe geschnittene Zwiebeln im Bratfett 3–4 Minuten glasig dünsten. Zwei in Spalten geschnittene Äpfel 2 Minuten mitbraten. 100 ml trockenen Cidre und 150 g Sahne dazugießen. Alles kurz aufkochen lassen, mit Salz, Pfeffer, einigen Spritzern Worcestersauce und 1–2 EL Zitronensaft würzen. Die Leberstreifen in der Sauce erwärmen. 1 TL gehackte Estragonblätter unterrühren. Dazu schmecken TK-Rösti oder Kartoffelpüree.

Aus Wok und Pfanne

Zubereiten: 25 Minuten

Hackfleischpfanne Tex-Mex

Für 4 Portionen

1 Dose rote Kidneybohnen (Abtropfgewicht 250 g)
1 kleine Dose Mais (Abtropfgewicht 140 g)
1 große rote Paprikaschote
200 g Stangensellerie
1 Zwiebel
2 EL Olivenöl
400 g mageres Rinderhackfleisch
1 EL Chilipulver (Gewürzmischung)
1 TL getrockneter Oregano
125 ml Fleischbrühe
Salz
frisch gemahlener Pfeffer
2–3 Spritzer Tabasco
½ Bund Petersilie

Pro Portion:
345 kcal; 27 g Eiweiß; 13 g Kohlenhydrate; 20 g Fett; 7 g Ballaststoffe

1. Die Kidneybohnen und den Mais in ein Sieb schütten, kalt abbrausen und abtropfen lassen.

2. Die Paprikaschote vierteln, putzen und waschen. Die Viertel in feine Streifen schneiden. Selleriestangen waschen, putzen und in feine Scheiben schneiden. Die Zwiebel schälen und in dünne Ringe schneiden.

3. Den Wok oder eine große Pfanne erhitzen. Das Olivenöl darin heiß werden lassen. Paprikastreifen, Sellerie und die Zwiebelringe darin unter Rühren 3 Minuten braten. Herausnehmen.

4. Das Hackfleisch im verbliebenen Fett in Wok oder Pfanne unter Rühren in etwa 5 Minuten krümelig braten. Bohnen und Mais dazugeben, mit Chilipulver und Oregano bestreuen und untermischen. Die Brühe dazugießen. Das Gericht mit Salz und Pfeffer würzen. Unter gelegentlichem Rühren 5 Minuten köcheln lassen.

5. Das Gemüse unter das Hackfleisch mischen und das Gericht mit Tabasco schärfen, dann noch 2–3 Minuten ziehen lassen. Inzwischen die Petersilie abbrausen und trocken schütteln. Die Blätter abzupfen, hacken und auf die Hackfleischpfanne streuen.

Das schmeckt dazu
Als Beilage zur Hackfleischpfanne passen körnig gekochter Reis, Fladen- oder Stangenweißbrot besonders gut.

Alternative
Für eine orientalische Note die Kidneybohnen durch 250 g abgetropfte Linsen (1 Dose) ersetzen und die Mischung statt mit Chilipulver und Oregano mit gemahlenem Kreuzkümmel und Piment würzen. Tabasco weglassen.

Variante: Tortilla-Pizza

Die Hackfleischpfanne wie beschrieben zubereiten. Den Backofen auf 200 °C vorheizen. 6 Tortilla-Wraps (Packung) auf zwei mit Backpapier belegte Backbleche legen und mit je 1 gehäuften TL rotem Pesto (Glas) bestreichen. Die Hackfleisch-Mischung darauf verteilen und mit 150 g grob geraspeltem Gouda bestreuen. Die Pizzas im heißen Ofen (unten) nacheinander 10 Minuten backen. Mit gehackter Petersilie bestreuen und servieren.

Mit Fleisch und Geflügel

Aus Wok und Pfanne

Zubereiten: 30 Minuten

Steak-Gröstl mit Pilzen

Für 4 Portionen

- 700 g kleine Pellkartoffeln (vom Vortag)
- 200 g Egerlinge
- 1 große orange Paprikaschote
- 1 Zwiebel
- 300 g Minutensteaks vom Rind
- 2 EL Butterschmalz
- Salz
- frisch gemahlener Pfeffer
- 2 Gewürzgurken
- 1 Bund Schnittlauch

Pro Portion:
290 kcal; 21 g Eiweiß; 29 g Kohlenhydrate; 9 g Fett; 7 g Ballaststoffe

1. Die Kartoffeln schälen und in ½ cm breite Scheiben schneiden. Die Pilze abreiben, putzen und in nicht zu dünne Scheiben schneiden. Die Paprikaschote halbieren, putzen, waschen und in 2 cm große Stücke schneiden. Die Zwiebel schälen, halbieren und in Streifen schneiden. Das Fleisch trocken tupfen und in 1 cm breite Streifen schneiden.

2. In einer großen Pfanne 1 EL Butterschmalz erhitzen. Das Fleisch darin bei mittlerer Hitze 1–2 Minuten braten, dann salzen und pfeffern. Aus der Pfanne nehmen.

3. Das übrige Butterschmalz (1 EL) in der Pfanne erhitzen. Die Kartoffelscheiben darin 4–5 Minuten braten, dann wenden. Zwiebeln, Pilze und Paprika hinzufügen und alles 5 Minuten braten.

4. Inzwischen die Gewürzgurken in dünne Scheiben schneiden. Den Schnittlauch abbrausen, trocken schütteln und in Röllchen schneiden.

5. Die Gurken kurz vor Ende der Garzeit unter die Kartoffelpfanne heben. Das Gericht mit dem Schnittlauch bestreuen und servieren.

Das schmeckt dazu
Reichen Sie einen grünen Blattsalat mit Senf-Vinaigrette zu dem Steak-Gröstl.

Aroma plus
Das Gröstl mit 1–2 TL Kürbiskernöl beträufeln und mit gerösteten Kürbiskernen bestreuen. Auch gut: 1 TL Majoranblättchen kurz vor Ende der Garzeit unter das Gröstl mischen.

Variante: Schinken-Kartoffeln mit Tomaten

Die Kartoffelscheiben wie in Schritt 3 beschrieben in Butterschmalz braten. Pfeffern und salzen. Vier in Ringe geschnittene Frühlingszwiebeln, 265 g abgetropfte Maiskörner (Dose), 500 g in Viertel geschnittene Tomaten und 200 g gewürfelten Katenschinken (Kühlregal) unter die Kartoffeln heben. Alles 5 Minuten braten. 50 g geriebenen Emmentaler untermischen, das Gericht mit Salz und Pfeffer abschmecken und mit gehackter Petersilie bestreuen.

Mit Fleisch und Geflügel

Aus Wok und Pfanne

Mit Fleisch und Geflügel

Zubereiten: 25 Minuten
Blumenkohl-Schinken-Pfanne

Für 4 Portionen

- 1 Blumenkohl (etwa 1 kg)
- 1 Zwiebel
- 2 Knoblauchzehen
- 4 EL Öl
- 2 TL Currypulver
- 250 ml Tomatensaft
- 2 EL Sahne
- 150 g gekochter Schinken (in Scheiben)
- Salz
- frisch gemahlener Pfeffer
- 1 Bund Schnittlauch

Pro Portion:
240 kcal; 18 g Eiweiß; 8 g Kohlenhydrate; 15 g Fett; 8 g Ballaststoffe

1. Den Blumenkohl putzen, waschen und in Röschen teilen. Zwiebel und Knoblauch schälen und fein würfeln.

2. Das Öl in einer großen Pfanne erhitzen. Zwiebel und Blumenkohlröschen darin bei mittlerer Hitze 5 Minuten braten. Den Knoblauch dazugeben, Currypulver darüberstäuben und kurz anschwitzen. Tomatensaft und Sahne dazugießen, alles aufkochen und zugedeckt bei mittlerer Hitze 5 Minuten köcheln lassen.

3. Den Schinken in kleine Würfel schneiden, zum Gemüse in die Pfanne geben und 3 Minuten darin ziehen lassen. Mit Salz und Pfeffer würzen.

4. Den Schnittlauch abbrausen, trocken schütteln und in Röllchen schneiden. Das Gemüse nochmals abschmecken. Die Hälfte des Schnittlauchs unter das Gericht mischen, die andere Hälfte daraufstreuen.

Das schmeckt dazu
Pellkartoffeln oder körnig gekochter Reis passen prima zur Blumenkohl-Schinken-Pfanne.

Alternativen
Dieses Pfannengericht schmeckt auch sehr gut mit Brokkoli oder Romanesco anstelle von Blumenkohl. In diesem Fall das Gericht nicht mit Schnittlauch, sondern mit geröstetem Sesam bestreuen. Den Schinken können Sie durch dieselbe Menge gegarte und zerkleinerte Hähnchenbrust austauschen.

Variante: Blumenkohl-Bratwurst-Pfanne

Den Blumenkohl wie in Schritt 1 und 2 beschrieben zubereiten. Das Brät von 2–3 rohen Bratwürsten aus der Hülle drücken und mit angefeuchteten Händen zu Klößchen formen. 2 EL Öl in einer großen Pfanne erhitzen und die Klößchen darin in 5 Minuten rundherum knusprig braten. Anschließend anstelle des Schinkens unter das Gemüse in der Pfanne mischen.

Aus Wok und Pfanne

Mit Fleisch und Geflügel

Zubereiten: 25 Minuten
Wurstpfanne mit Dicken Bohnen

Für 4 Portionen

| 600 g TK-Dicke-Bohnen |
| 4 Schinkenwürstchen (etwa 300 g) |
| 1 große rote Zwiebel |
| 200 g Stangensellerie |
| 2 EL Olivenöl |
| 1 Bund Petersilie |
| 100 g Schmand |
| 100 ml Gemüsebrühe |
| Salz |
| frisch gemahlener Pfeffer |
| 1–2 EL Zitronensaft |

Pro Portion:
465 kcal; 26 g Eiweiß; 23 g Kohlenhydrate; 30 g Fett; 6,5 g Ballaststoffe

1. Die Bohnenkerne in einem Sieb mit heißem Wasser 1 Minute lang abbrausen und gut abtropfen lassen. Die Würstchen schräg in 2 cm breite Stücke schneiden. Die Zwiebel schälen, halbieren und in Ringe schneiden. Die Selleriestangen waschen, putzen und würfeln.

2. In einer großen Pfanne das Olivenöl erhitzen. Die Würste darin bei schwacher Hitze 1–2 Minuten braten. Zwiebelringe und Selleriewürfelchen dazugeben und alles unter Rühren bei mittlerer Hitze 3 Minuten braten. Bohnenkerne untermischen und das Ganze weitere 5 Minuten braten, dabei gelegentlich umrühren.

3. Die Petersilie waschen und trocken schütteln. Die Blätter abzupfen und grob hacken. Den Schmand und die Brühe zur Bohnenpfanne geben und einmal aufkochen lassen. Das Gericht mit Salz, Pfeffer und Zitronensaft würzen. Die Petersilie unterheben.

Das schmeckt dazu
Kleine Frühkartoffeln, kräftiges Bauernbrot oder Ciabatta passen gut zur deftigen Wurstpfanne mit Dicken Bohnen.

Extra-Pfiff
Für frische Knoblauchwürze von 1 Knolle jungem Knoblauch die Zehen auslösen; größere Zehen längs durchschneiden. Knoblauch mit Zwiebeln und Sellerie wie beschrieben (Schritt 2) in der Pfanne braten.

Variante: Würstchenpfanne mit weißen Bohnen

100 g Baconstreifen (Kühlregal) in einer großen Pfanne kurz ausbraten. Eine Zwiebel in Ringen dazugeben und 3 Minuten mitbraten. 6 Wiener Würstchen (etwa 300 g) schräg in 2 cm breite Stücke schneiden. Zur Speck-Zwiebel-Mischung geben und 2 Minuten mitbraten. Zwei in feine Ringe geschnittene Stangen Lauch und 480 g abgetropfte weiße Bohnen (Dose) hinzufügen und noch 3–4 Minuten bei mittlerer Hitze braten. Mit Salz und Pfeffer kräftig abschmecken. Mit Schnittlauchröllchen bestreuen. Baguette dazu reichen.

Aus Wok und Pfanne

Zubereiten: 30 Minuten

Schollenfilets mit Speckgemüse

Für 4 Portionen

- 4 Schollenfilets (je etwa 150 g)
- 2 EL Zitronensaft
- Salz
- frisch gemahlener Pfeffer
- 200 g Möhren
- 1 junger Kohlrabi
- 1 Zwiebel
- 100 g Baconstreifen (Kühlregal)
- 2 EL Mehl
- 2 EL Butter
- 100 ml Gemüsebrühe
- 1 Prise Zucker
- 1 Bund Schnittlauch

Pro Portion:
210 kcal; 16 g Eiweiß; 13 g Kohlenhydrate; 10 g Fett; 4 g Ballaststoffe

1. Die Schollenfilets trocken tupfen. Auf beiden Seiten mit Zitronensaft beträufeln, salzen und pfeffern.

2. Die Möhren und den Kohlrabi putzen, schälen und in streichholzlange, dünne Stifte schneiden. Die Zwiebel schälen und fein würfeln.

3. Die Baconstreifen in einer großen Pfanne bei schwacher Hitze in 5 Minuten ausbraten; herausnehmen und auf Küchenpapier abtropfen lassen.

4. Inzwischen die Fischfilets im Mehl wenden; überschüssiges Mehl abklopfen. Die Filets im heißen Speckfett 2–3 Minuten braten, dabei einmal wenden.

5. Gleichzeitig in einer großen beschichteten Pfanne die Butter zerlassen. Das Gemüse darin unter Rühren 2 Minuten braten. Die Brühe dazugießen und das Gemüse bei mittlerer Hitze offen in etwa 5 Minuten unter gelegentlichem Rühren bissfest dünsten. Mit Salz, Pfeffer und Zucker würzen.

6. Den Schnittlauch abbrausen, trocken schütteln und in Röllchen schneiden. Die Speckstreifen unter das Gemüse mischen. Die Fischfilets auf vorgewärmte Teller verteilen, das Speckgemüse darauf anrichten. Alles mit den Schnittlauchröllchen bestreuen und servieren.

Das schmeckt dazu

Stangenweißbrot ist eine passende schnelle Beilage. In Butter geschwenkte und mit Petersilie bestreute Salzkartoffeln bieten sich als Alternative bei mehr Zeit an.

Alternative

Die Schollenfilets können Sie durch Zander- oder Bio-Pangasiusfilets ersetzen. Die Garzeit ist die gleiche.

Variante: Schollenfilets mit Ingwer-Möhren

In einer großen Pfanne 2 EL Öl erhitzen. 500 g in dünne Scheiben gehobelte Möhren darin 5 Minuten unter Rühren braten. Nach 3 Minuten 50 g fein zerkleinerten Ingwer und vier in Ringe geschnittene Frühlingszwiebeln hinzufügen. Das Gemüse mit 2–3 EL Sojasauce, 1 TL braunem Zucker, Salz und Pfeffer würzen. Schollenfilets wie oben angegeben vorbereiten, in Mehl wenden und in 4 EL Öl braten. Mit dem Gemüse anrichten und mit gehacktem Koriandergrün bestreuen.

Mit Fisch und Meeresfrüchten

Aus Wok und Pfanne

Mit Fisch und Meeresfrüchten

Zubereiten: 25 Minuten

Fischpfanne mit Spargel und Sprossen

Für 4 Portionen

400 g grüner Spargel
Salz
400 g Sprossenmix (z. B. Radieschen-, Linsen-, Mungobohnen- und Weizenkeimlinge)
600 g Heilbutt- oder Rotbarschfilet
4 EL Zitronensaft
frisch gemahlener Pfeffer
4 EL Olivenöl
100 ml Hühnerbrühe
2 EL Crème fraîche
200 g Kirschtomaten
1 Bund Brunnenkresse

Pro Portion:
245 kcal; 26 g Eiweiß; 6 g Kohlenhydrate; 13 g Fett; 8 g Ballaststoffe

1. Den Spargel waschen, im unteren Drittel schälen und die Enden abschneiden. Die Stangen schräg in 4 cm breite Stücke schneiden. In reichlich kochendem Salzwasser 5 Minuten garen.

2. Währenddessen den Sprossenmix in einem Sieb abbrausen und abtropfen lassen. Das Fischfilet trocken tupfen und in etwa 2 cm breite Streifen schneiden. Mit 3 EL Zitronensaft beträufeln, salzen und pfeffern. Den Spargel abgießen, abschrecken und abtropfen lassen.

3. In einer großen beschichteten Pfanne 2 EL Olivenöl erhitzen. Den Spargel darin 1–2 Minuten unter Rühren braten. Die Brühe dazugießen, die Sprossen untermischen und alles 2 Minuten köcheln lassen.

4. Das übrige Öl (2 EL) in einer zweiten großen Pfanne erhitzen. Die Fischstreifen darin 5 Minuten braten, dabei behutsam wenden.

5. Das Gemüse mit der Flüssigkeit in die Pfanne zum Fisch geben, Crème fraîche und Tomaten untermischen. Die Fischpfanne mit Salz, Pfeffer und dem übrigen Zitronensaft (1 EL) würzen. Bei schwacher Hitze 2 Minuten ziehen lassen.

6. Inzwischen die Brunnenkresse abbrausen und die Blätter abzupfen. Einige Blätter beiseitelegen, die übrigen hacken und unter die Fischpfanne heben. Das Gericht mit den ganzen Brunnenkresseblättern bestreuen und servieren.

Das schmeckt dazu
Reichen Sie eine Reis-Wildreis-Mischung zur feinen Fischpfanne.

Alternative
Brunnenkresse schmeckt leicht scharf und senfähnlich. Wer das Kraut nicht bekommt, kann es durch Gartenkresse ersetzen.

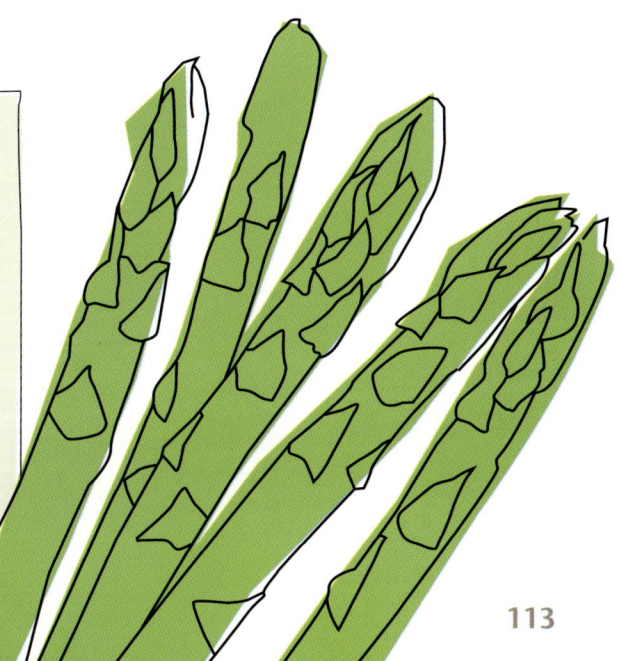

Variante: Spargel-Fisch-Wok mit Koriandergrün

Spargel und Sprossen vorbereiten, den Fisch zerkleinern (Schritt 1 und 2). Die Fischstücke in 2 EL Teriyakisauce wenden. Im Wok 3 EL Öl erhitzen. Die trockengetupften Fischstücke darin 3 Minuten unter Wenden goldbraun braten; herausnehmen. 2 EL Öl im Wok erhitzen; Spargel zugeben und 3 Minuten braten. 140 g abgetropfte Ananasstücke (Dose) und die Sprossen 1 Minute mitbraten. 200 ml Hühnerbrühe und 2 EL Sojasauce zugießen; aufkochen lassen. 4 EL Ananassaft (aus der Dose) mit 2 TL Speisestärke verquirlen; unter Ananas und Sprossen rühren. 2–3 Minuten köcheln lassen, bis die Sauce gebunden ist. Fisch unterheben und heiß werden lassen. Salzen und pfeffern. Mit gehacktem Koriandergrün bestreuen und mit Basmatireis servieren.

Aus Wok und Pfanne

Zubereiten: 30 Minuten
Klassiker: Pannfisch mit Senfsauce

Für 4 Portionen

600 g Kabeljaufilet
2–3 EL Zitronensaft
Salz
frisch gemahlener Pfeffer
750 g geschälte Pellkartoffeln (z. B. vom Vortag)
2 Zwiebeln
1 unbehandelte Salatgurke
3 EL Öl
1 EL Butter
1 Bund Dill
250 g Sahne
150 ml Gemüsebrühe
je 1 EL scharfer und körniger Senf

Pro Portion:
505 kcal; 32 g Eiweiß; 27 g Kohlenhydrate; 30 g Fett; 4,5 g Ballaststoffe

1. Den Fisch trocken tupfen und in 4 cm große Stücke schneiden. Mit 2 EL Zitronensaft beträufeln, mit Salz und Pfeffer würzen.

2. Die Kartoffeln in Scheiben schneiden. Die Zwiebeln schälen, halbieren und in dünne Streifen schneiden. Die Gurke gründlich waschen und abtrocknen; die Enden abschneiden. Die Gurke längs halbieren, die Hälften entkernen und in 1–2 cm große Würfel schneiden.

3. In einer großen beschichteten Pfanne 2 EL Öl erhitzen. Die Fischstücke darin portionsweise unter vorsichtigem Wenden auf jeder Seite 2 Minuten braten; aus der Pfanne nehmen und zugedeckt beiseitestellen.

4. Anschließend das übrige Öl (1 EL) und die Butter in der Pfanne erhitzen. Die Kartoffeln darin bei mittlerer Hitze in 10 Minuten goldbraun braten, dabei gelegentlich wenden. Inzwischen den Dill abbrausen und trocken schütteln. Die Spitzen abzupfen und hacken.

5. Zwiebeln und Gurken zu den Kartoffeln geben und 3 Minuten mitbraten; salzen und pfeffern. Die Sahne und die Brühe dazugießen, aufkochen und 2 Minuten köcheln lassen.

6. Beide Senfsorten unter die Kartoffelmischung rühren, dann den Fisch vorsichtig unterheben. Das Gericht mit Salz, Pfeffer und Zitronensaft würzen. Mit Dill bestreuen und servieren.

Das schmeckt dazu
Ein gemischter Blattsalat, mit einer leichten Vinaigrette angemacht, passt prima zur Fischpfanne.

Alternative
Statt Kabeljaufilet können Sie z. B. Rotbarsch- oder Lengfischfilet für das Rezept verwenden.

Praktisch: Im Ofen garen

Wenn Sie eine größere Runde bewirten möchten, leistet der Backofen für die Zubereitung des beliebten norddeutschen Gerichts gute Dienste: Die Pellkartoffelscheiben auf dem gefetteten tiefen Backblech verteilen; salzen, pfeffern und im 220 °C heißen Backofen 10 Minuten braten. Fisch, Zwiebeln und Gurke vorbereiten (Schritt 1 und 2); Zwiebelstreifen im Öl in einer Pfanne auf dem Herd braten und die Senfsauce in einem Topf kochen. Fischstücke, Zwiebeln und Gurken auf die Kartoffeln legen. Die Senfsauce darübergießen. Das Fischgericht im 220 °C heißen Ofen 8–10 Minuten überbacken, bis der Fisch gar ist.

Aus Wok und Pfanne

Zubereiten: 30 Minuten

Lachs-Gemüse-Pfanne auf asiatische Art

Für 4 Portionen

4 Stücke Lachsfilet (ohne Haut; je etwa 150 g)
Meersalz
½ TL Fünf-Gewürz-Pulver
250 g Zuckerschoten
125 g abgetropfte Maiskölbchen (Glas)
150 g Austernpilze
100 g Mungobohnensprossen
4 Schalotten
1 Knoblauchzehe
3 EL Öl
150 ml Gemüsebrühe
2 EL Hoisinsauce (Asienladen; siehe Alternative)
3 EL Sojasauce
1 TL Sesamöl
2 TL Speisestärke

Pro Portion:
450 kcal; 37 g Eiweiß; 15 g Kohlenhydrate; 26 g Fett; 7 g Ballaststoffe

1. Die Lachsfiletstücke trocken tupfen und auf beiden Seiten mit Salz und Fünf-Gewürz-Pulver bestreuen.

2. Zuckerschoten waschen und schräg halbieren. Maiskölbchen in grobe Stücke schneiden. Pilze putzen und in breite Streifen schneiden. Sprossen kalt abbrausen und abtropfen lassen. Schalotten und Knoblauch schälen; Schalotten längs vierteln, Knoblauch fein hacken.

3. Im Wok oder in einer großen beschichteten Pfanne 2 EL Öl erhitzen. Die Lachsstücke darin auf jeder Seite 2 Minuten braten. Herausnehmen; warm stellen.

4. Inzwischen für die Würzsauce die Brühe mit Hoisin- und Sojasauce, Sesamöl und Speisestärke gründlich verquirlen.

5. Das restliche Öl in Wok oder Pfanne erhitzen. Schalotten und Knoblauch darin unter Rühren 15 Sekunden braten. Zuckerschoten und Pilze dazugeben und bei starker Hitze 2 Minuten mitbraten.

6. Die Würzsauce dazugießen, aufkochen und alles 2–3 Minuten köcheln lassen, bis die Sauce angedickt ist. Maiskölbchen und Sprossen untermischen. Die Lachsfiletstücke auf das Gemüse legen und das Gericht zugedeckt noch 1–2 Minuten ziehen lassen.

Das schmeckt dazu

Weißer Reis – wahlweise Patna- oder Basmatireis – passt am besten als Beilage. Während Sie die asiatische Lachspfanne zubereiten, kann der Reis langsam garen.

Alternative

Hoisinsauce ist eine süß-scharfe chinesische Würzsauce aus Sojabohnen, Knoblauch, Zucker, Chili- und Sesamöl. Wer sie nicht bekommt, kann sie durch Sojasauce und süß-scharfe Chilisauce ersetzen.

So geht's noch schneller

Statt der verschiedenen Gemüse können Sie 800 g TK-Wokgemüse nehmen. Das spart Vorbereitungszeit.

Variante: Lachspfanne mit grünem Gemüse

600 g Lachsfilet (ohne Haut) in mundgerechte Stücke schneiden. Salzen, pfeffern und mit 2 EL Zitronensaft beträufeln. Lachswürfel in 2 EL Olivenöl und 1 EL Butter rundherum 4 Minuten braten; herausnehmen und warm stellen. Zwei in Scheiben geschnittene Zucchini, 200 g Zuckerschoten, 300 g in Stücke geschnittenen Stangensellerie und 200 g angetaute TK-Erbsen im Bratfett 3 Minuten unter Rühren braten. 100 ml Gemüsebrühe und 5 EL Sahne dazugeben, aufkochen lassen und mit 1 EL hellem Saucenbinder andicken. Mit Salz, Pfeffer und 1–2 TL Zitronensaft abschmecken. Fisch unter das Gemüse heben und heiß werden lassen.

Mit Fisch und Meeresfrüchten

117

Aus Wok und Pfanne

Zubereiten: 30 Minuten

Sesam-Fischstäbchen mit scharfer Remoulade

Für 4 Portionen

4 eckig geformte TK-Seelachsfilets (je etwa 100 g)
3 EL Mehl
2 Eier
4 EL Semmelbrösel
4 EL Sesamsamen
150 g Salatmayonnaise
100 g Joghurt
3 EL Zitronensaft
2 TL Wasabipaste
Salz
frisch gemahlener Pfeffer
1 unbehandelte Mini-Salatgurke
½ Bund Koriandergrün
5–6 EL Öl

Pro Portion:
550 kcal; 27 g Eiweiß; 21 g Kohlenhydrate; 40 g Fett; 2,5 g Ballaststoffe

1. Die Fischfilets 10 Minuten antauen lassen. Mehl auf einen Teller geben, die Eier auf einem zweiten Teller verquirlen. Semmelbrösel und Sesam auf einem dritten Teller mischen.

2. Für die Remoulade die Mayonnaise mit Joghurt, 1 EL Zitronensaft, Wasabi sowie Salz und Pfeffer verrühren. Die Gurke gründlich waschen, die Enden abschneiden und die Gurke fein würfeln.

3. Koriandergrün waschen und trocken schütteln, die Blätter abzupfen und hacken. Gurkenwürfelchen und Koriandergrün unter die Mayonnaise-Joghurt-Mischung rühren.

4. Die Fischfilets in etwa 8 × 3 cm große Stäbchen schneiden. Mit Küchenpapier trocken tupfen. Mit dem übrigen Zitronensaft (2 EL) beträufeln; mit Salz und Pfeffer bestreuen.

5. Zum Panieren die Fischstreifen zuerst im Mehl, dann in den Eiern und schließlich in der Sesammischung wenden. Die Panade etwas andrücken.

6. In einer großen Pfanne das Öl erhitzen. Die Fischstäbchen darin auf jeder Seite 3–4 Minuten braten. Mit der scharfen Remoulade servieren.

Das schmeckt dazu
Reichen Sie körnig gekochten Reis und Ingwer-Spinat zu den Fischstäbchen. Für Ingwer-Spinat in feine Streifen geschnittenen Ingwer (30 g Ingwer pro 1 kg Spinat) in heißem Öl anbraten. Tropfnassen Spinat dazugeben und unter Wenden 2–3 Minuten zusammenfallen lassen. Mit Teriyakisauce und mit Pfeffer abschmecken.

Typische Japanwürze
Bestreichen Sie die gewürzten rohen Fischstreifen vor dem Panieren noch mit 2 TL geröstetem Sesamöl.

Variante: Fisch-Nuggets mit scharfer Joghurtsauce

Vier angetaute TK-Rotbarschfilets (je etwa 140 g) in etwa 3 × 3 cm große Stücke schneiden. 100 g fein gehackte ungesalzene Erdnusskerne mit 4 EL Semmelbröseln mischen. Die Fischstücke panieren (Schritt 5), statt der Sesammischung jedoch die Nussmischung verwenden. Die Nuggets rundherum in heißem Öl 3–4 Minuten braten. Für die Sauce 150 g Joghurt mit 100 g Schmand, 2 EL Limettensaft und 8 EL süß-scharfer Chilisauce verrühren; salzen, pfeffern und 2 EL gehacktes Koriandergrün untermischen.

Mit Fisch und Meeresfrüchten

Aus Wok und Pfanne

Mit Fisch und Meeresfrüchten

Zubereiten: 25 Minuten

Zanderfiletpfanne mit Roter Bete

Für 4 Portionen

- 500 g Zanderfilet (ohne Haut)
- Salz
- frisch gemahlener Pfeffer
- 2 EL Mehl
- 2 Zwiebeln
- 500 g gegarte Rote Beten (vakuumiert)
- 150 g abgetropfte Gewürzgurken
- 4 EL Öl
- 150 ml Gemüse- oder Hühnerbrühe
- 150 g Crème fraîche
- 1 Bund Dill
- 1–2 EL Zitronensaft

Pro Portion:
375 kcal; 28 g Eiweiß; 15 g Kohlenhydrate; 22 g Fett; 4 g Ballaststoffe

1. Das Zanderfilet trocken tupfen und in 2 cm breite Streifen schneiden. Die Streifen salzen, pfeffern und im Mehl wenden. Überschüssiges Mehl leicht abschütteln.

2. Die Zwiebeln schälen, halbieren und in dünne Halbringe schneiden. Die Roten Beten in 1,5 cm große Würfel und die Gewürzgurken in Streifen schneiden.

3. In einer großen beschichteten Pfanne 2 EL Öl erhitzen. Die Fischstreifen darin in 4 Minuten knusprig braten. Aus der Pfanne nehmen und warm halten.

4. Das übrige Öl (2 EL) in der Pfanne erhitzen. Die Zwiebelringe darin glasig dünsten, die Rote-Bete-Würfel dazugeben und 2 Minuten mitbraten. Brühe und Crème fraîche unterrühren; aufkochen und in etwa 3 Minuten cremig einköcheln lassen.

5. Inzwischen den Dill abbrausen und trocken schütteln; Dillspitzen abzupfen und hacken. Fisch und Gurken unter die Rote-Bete-Mischung heben und darin heiß werden lassen. Das Gericht mit Zitronensaft, Salz und Pfeffer würzen. Mit Dill bestreuen und mit Salzkartoffeln oder Nudeln servieren.

Meerrettich-Würze
Für frische Schärfe sorgt frisch geriebene Meerrettichwurzel (etwa 40 g). Diese mit dem Dill oder stattdessen über das Gericht streuen.

Rote Bete garen
Wer Zeit hat, sollte Rote Beten selber garen – so schmecken sie einfach am besten. Dafür die gründlich gewaschenen Rüben in Salzwasser garen (20–60 Minuten, je nach Dicke der Knollen). Anschließend die dünne Schale mit einem Messer abziehen.

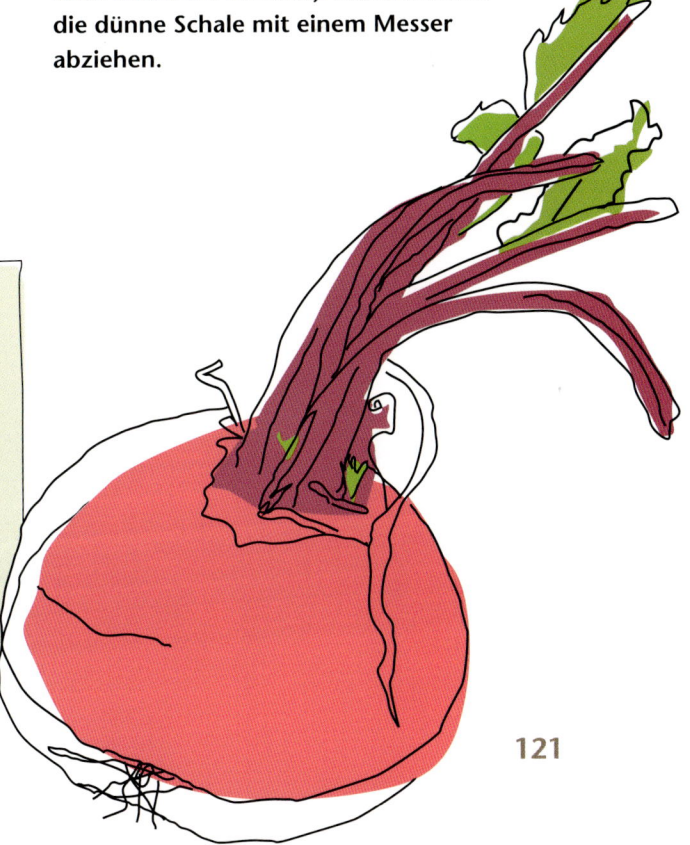

Variante: Zanderfilets auf Sprossen und Roter Bete

4 Zanderfilets (ohne Haut; je 150 g) trocken tupfen. Salzen, pfeffern und in 2 EL Mehl wenden. Für die Würzsauce 100 ml Gemüsebrühe mit 2 EL Pflaumenwein, 2 EL Sojasauce, 4 EL Zitronensaft, 2 TL braunem Zucker und 2 TL Speisestärke verrühren. Die Fischfilets in einer Pfanne in 2 EL heißem Öl in 5–6 Minuten auf beiden Seiten knusprig braten. Herausnehmen; warm halten. Eine fein gewürfelte Zwiebel und 20 g fein gewürfelten Ingwer in etwas Öl in der Pfanne kurz braten. 500 g in Streifen geschnittene gegarte Rote Beten und 250 g frische Mungobohnensprossen 1 Minute mitbraten. Würzsauce dazugießen; alles 1 Minute köcheln lassen. Fischfilets mit Gemüse anrichten.

Aus Wok und Pfanne

Mit Fisch und Meeresfrüchten

Zubereiten: 25 Minuten

Chili-Garnelenpfanne mit Zuckerschoten

Für 4 Portionen

- 400 g Zuckerschoten
- 2 Bund Frühlingszwiebeln
- 4 Knoblauchzehen
- 2–3 rote Chilischoten
- ½ Bund Petersilie
- 500 g rohe geschälte Garnelen
- 5 EL Olivenöl
- 1 TL grobes Meersalz
- Salz
- 2 EL Zitronensaft

Pro Portion:
330 kcal; 33 g Eiweiß; 15 g Kohlenhydrate; 15 g Fett; 6 g Ballaststoffe

1. Die Zuckerschoten waschen, putzen und schräg halbieren. Die Frühlingszwiebeln putzen, waschen und schräg in Ringe schneiden. Knoblauch schälen und in dünne Scheiben schneiden.

2. Chilischoten waschen (nicht entkernen) und in sehr dünne Ringe schneiden. Petersilie abbrausen und trocken schütteln; die Blätter abzupfen und grob hacken. Die Garnelen trocken tupfen.

3. In einer großen Pfanne 3 EL Olivenöl erhitzen. Die Garnelen darin auf jeder Seite 2 Minuten braten. Knoblauchscheiben hinzufügen und alles 1 Minute braten. Mit dem Meersalz würzen. Die Garnelen herausnehmen; beiseitestellen.

4. Das übrige Öl (2 EL) in der Pfanne erhitzen. Zuckerschoten und Frühlingszwiebeln darin bei mittlerer Hitze 5 Minuten braten.

5. Chilis, Garnelen und Petersilie in die Pfanne zum Gemüse geben. 4 EL Wasser untermischen und alles 2 Minuten köcheln lassen. Das Gericht mit Salz und Zitronensaft abschmecken.

Das schmeckt dazu

Servieren Sie die würzige Garnelenpfanne mit frischem Weißbrot, Baguette oder Ciabatta, ebenso passt eine Reis-Wildreis-Mischung oder Patnareis.

TK-Garnelen auftauen

Gefrorene Garnelen in einem Sieb kurz lauwarm abspülen, dann abtropfen und auftauen lassen – das dauert (je nach Größe) gut 10 Minuten. Um das Auftauen zu beschleunigen, die Garnelen zwischendurch nochmals lauwarm abspülen. Wer rechtzeitig plant, sollte die Garnelen im Kühlschrank langsam auftauen lassen. Wichtig: Die Garnelen vor dem Braten mit Küchenpapier gründlich trocken tupfen, damit es nicht zu sehr spritzt, wenn sie ins heiße Öl kommen.

Variante: Kreolische Garnelenpfanne mit Paprika

500 g Garnelen trocken tupfen und 4 Knoblauchzehen in Scheiben schneiden. In einer Pfanne 3 EL Olivenöl erhitzen. Die Garnelen darin 2 Minuten kräftig braten. Mit je ½ TL gemahlenem Kreuzkümmel und edelsüßem Paprikapulver sowie Salz und frisch gemahlenem Pfeffer würzen. Herausnehmen; beiseitestellen. Eine fein gewürfelte Zwiebel, den Knoblauch, zwei in Scheiben geschnittene Selleriestangen und 500 g gewürfelte rote und grüne Paprika in der Pfanne unter Rühren 4 Minuten braten, dabei mehr Öl zugeben. 400 g gehackte scharfe Tomaten (Dose) unterrühren. Alles 5 Minuten offen köcheln lassen. Garnelen hinzufügen und kurz erhitzen. Mit Salz, Pfeffer und 1 TL Zucker abschmecken.

Aus Wok und Pfanne

Zubereiten: 25 Minuten
Kalamari mit Paprika

Für 4 Portionen

| 750 g frische Kalamari in Ringen (Tintenfischringe) |
| 500 g rote, gelbe und orange Paprikaschoten |
| 1 Zwiebel |
| 2 Knoblauchzehen |
| 4 EL Olivenöl |
| 1 EL Mehl |
| 2 EL weißer Balsamico-Essig |
| 1 Dose gehackte Tomaten (400 g) |
| Salz |
| ½ EL rosenscharfes Paprikapulver |
| Cayennepfeffer |
| 1 Bund Schnittlauch |

Pro Portion:
290 kcal; 33 g Eiweiß; 12 g Kohlenhydrate; 12 g Fett; 5,5 g Ballaststoffe

1. Die Tintenfischringe mit Küchenpapier trocken tupfen. Die Paprikaschoten halbieren, entkernen, waschen und in 1–2 cm große Würfel schneiden. Zwiebel schälen und grob würfeln. Knoblauch schälen und fein hacken.

2. In einer großen Pfanne 2 EL Öl stark erhitzen. Die Tintenfischringe mit dem Mehl bestäuben und im heißen Öl 5 Minuten unter gelegentlichem Rühren kräftig braten; herausnehmen.

3. Das übrige Öl (2 EL) in der Pfanne erhitzen. Zwiebel mit Knoblauch darin glasig dünsten. Paprikawürfel hinzufügen und 5 Minuten mitdünsten. Essig untermischen und einkochen lassen.

4. Tintenfischringe und gehackte Tomaten in die Pfanne geben und unterrühren; 3 Minuten köcheln lassen. Mit Salz, Paprikapulver und Cayennepfeffer würzen.

5. Schnittlauch abbrausen und trocken schütteln, dann in Röllchen schneiden. Die Hälfte der Schnittlauchröllchen unter das Gericht heben, die restlichen daraufstreuen. Sofort servieren.

Das schmeckt dazu
Zur mediterranen Tintenfischpfanne passen geröstete Kartoffeln. Dafür geschälte kleine Pellkartoffeln halbieren und in 4 EL Olivenöl in etwa 10 Minuten knusprig braten. Salzen und pfeffern.

Alternative
Falls Sie keine frischen Kalamari in Ringen bekommen, greifen Sie zu TK-Tintenfischringen (naturell). Diese am besten über Nacht im Kühlschrank auftauen lassen. Schneller geht's, wenn Sie sie in kochendes Salzwasser geben und 3 Minuten darin kochen lassen.

Variante: Tintenfischpfanne mit grünen Bohnen

Die Tintenfischringe in einer Pfanne in 2 EL heißem Olivenöl 2 Minuten braten; salzen, pfeffern und herausnehmen. Weitere 2 EL Olivenöl in der Pfanne erhitzen. 600 g geschälte und halbierte Pellkartoffeln darin in 5 Minuten goldbraun braten. Eine fein gewürfelte Zwiebel und zwei fein gewürfelte Knoblauchzehen, 50 g in Öl eingelegte, getrocknete Tomaten (in Streifen) und eine in Ringe geschnittene rote Chilischote unterrühren. 450 g gegarte TK-grüne-Bohnen, die Tintenfischringe und 1 EL gehacktes Rosmarin untermischen. Alles 3–5 Minuten unter Rühren braten. Salzen und pfeffern.

Mit Fisch und Meeresfrüchten

125

Aus Wok und Pfanne

Zubereiten: 25 Minuten

Pfeffer-Lengfisch mit Papaya

Für 4 Portionen

- 600 g Lengfischfilet
- 4 TL eingelegte grüne Pfefferkörner
- 1 Knoblauchzehe
- 1 unbehandelte Limette
- 1 TL gehackter Thymian
- Salz
- 1 große reife Papaya (etwa 500 g)
- 1½ EL Butterschmalz
- ½ Bund Petersilie
- 1 EL Butter

Pro Portion:
200 kcal; 27 g Eiweiß; 3 g Kohlenhydrate; 8 g Fett; 1,5 g Ballaststoffe

1. Den Fisch trocken tupfen und in 4–5 cm breite Stücke schneiden. Die Pfefferkörner leicht zerdrücken. Knoblauch schälen und fein würfeln. Die Limette heiß waschen und abtrocknen. Die Schale fein abreiben, den Saft auspressen.

2. Limettensaft und -schale, Pfefferkörner, Knoblauch, Thymian und ½ TL Salz in einer flachen Schale mischen. Die Fischstücke darin wenden und 10 Minuten marinieren.

3. Inzwischen die Papaya halbieren, entkernen und schälen. Das Fruchtfleisch in dünne Spalten schneiden.

4. Das Butterschmalz in einer großen beschichteten Pfanne erhitzen. Die Marinade von den Fischstücken abstreifen. Die Fischstücke im heißen Fett auf jeder Seite 3–4 Minuten braten; herausheben und zugedeckt warm stellen.

5. Inzwischen die Petersilie abbrausen und trocken schütteln. Die Blätter abzupfen und hacken.

6. Die Butter in der Pfanne zerlassen. Die Papaya darin 2–3 Minuten braten, dabei mit der übrigen Marinade vom Fisch beträufeln. Fisch auf der Papaya anrichten. Mit Petersilie bestreuen und servieren.

Das schmeckt dazu
Für Knoblauchbaguette zwei Baguettes zum Aufbacken (Kühlregal) schräg in ½ cm dicke Scheiben schneiden und mit Kräuterbutter bestreichen. Die Brotscheiben auf ein Backblech legen und im 200 °C heißen Backofen 10 Minuten backen.

Alternative
Der Lengfisch ist der größte Fisch aus der Familie der dorschartigen Fische – stattdessen können Sie Kabeljau-, Seelachs- oder Steinbeißerfilet nehmen.

Variante: Chili-Fisch mit Mango

600 g Lengfischfilet wie im Rezept beschrieben vorbereiten. Saft und abgeriebene Schale von einer unbehandelten Limette mit einer gehackten Knoblauchzehe, einer roten gehackten Chilischote (ohne Kerne), 1 EL gehacktem Koriandergrün, 1 TL Chilipulver (Gewürzmischung) und ½ TL Salz mischen. Die Fischstücke darin 10 Minuten marinieren. Das Fruchtfleisch von einer großen Mango in Spalten schneiden. In einer Pfanne 2 EL Olivenöl erhitzen und die Fischstücke darin braten (Schritt 4). Herausheben und zugedeckt warm stellen. Die Mango wie die Papaya braten (Schritt 6), darauf den Fisch anrichten; mit Reis servieren.

Mit Fisch und Meeresfrüchten

Aus Wok und Pfanne

Mit Fisch und Meeresfrüchten

Zubereiten: 25 Minuten
Thai-Curry mit Meeresfrüchten

Für 4 Portionen

600 g TK-Meeresfrüchte-Mischung
500 g junger Kohlrabi
1 Bund Frühlingszwiebeln
2 Schalotten
2 Knoblauchzehen
2 cm frischer Ingwer (etwa 20 g)
2 EL Öl
2–3 TL rote Currypaste
400 ml Kokosmilch (Dose)
1–2 EL Limettensaft
2 EL Fischsauce
1 TL brauner Zucker
150 g TK-Erbsen
6 Zweige Thai-Basilikum

Pro Portion:
400 kcal; 26 g Eiweiß; 16 g Kohlenhydrate; 26 g Fett; 5 g Ballaststoffe

1. Die Meeresfrüchte in einem Sieb 1 Minute mit heißem Wasser abbrausen; gut abtropfen lassen. Den Kohlrabi putzen, schälen und in 1–2 cm große Würfel schneiden.

2. Frühlingszwiebeln waschen, putzen und schräg in 3 cm lange Stücke schneiden. Schalotten, Knoblauch und Ingwer schälen und klein würfeln.

3. Das Öl im Wok oder in einer großen Pfanne erhitzen. Schalotten, Knoblauch, Ingwer, Kohlrabi und Frühlingszwiebeln darin unter Rühren 4–5 Minuten braten.

4. Die Currypaste untermischen, ein paar Sekunden mitrösten; die Kokosmilch dazugießen. Erhitzen und 2 Minuten köcheln lassen. Mit Limettensaft, Fischsauce und Zucker würzen.

5. Die Meeresfrüchte und die Erbsen in die Sauce geben. Das Curry zugedeckt 5 Minuten köcheln lassen, dann abschmecken. Thai-Basilikum abbrausen und trocken schütteln. Die Blätter abzupfen und auf das Curry streuen.

Das schmeckt dazu
Die ideale Ergänzung zu dem scharfen Curry ist thailändischer Duft- oder Basmatireis.

Alternative
Den Kohlrabi können Sie durch 500 g grünen Spargel ersetzen. Die Stangen in 3 cm lange Stücke schneiden und mit den Frühlingszwiebeln anbraten.

Frische-Kick
Das Curry vor dem Servieren mit einem Sprossen-Mix (Kühlregal; z. B. Linsen, Mungobohnen, Rettich) bestreuen.

Variante: Meeresfrüchte-Gemüse-Pfanne

Eine gehackte Zwiebel mit einer gehackten Knoblauchzehe in 2 EL heißem Olivenöl glasig dünsten. 2 TL edelsüßes und 1 TL rosenscharfes Paprikapulver darüberstäuben und anschwitzen. 900 g TK-Mischgemüse (z. B. grüne Bohnen, Blumenkohl, Möhren) unterrühren. 50 ml Gemüsebrühe und 200 g Sahne dazugießen. Aufkochen und alles zugedeckt 5 Minuten köcheln lassen. Inzwischen 600 g TK-Meeresfrüchte-Mischung abbrausen (Schritt 1) und in die Pfanne geben. Die Mischung zugedeckt 5 Minuten köcheln lassen. Das Gericht mit Salz, Pfeffer und 1–2 TL Zitronensaft würzen; mit hellem Saucenbinder andicken. Mit Dill bestreuen und mit Reis servieren.

Aus Wok und Pfanne

Zubereiten: 30 Minuten

Fisch-Garnelen-Pfanne süßsauer

Für 4 Portionen

300 g Rotbarsch- oder Seelachsfilet
200 g geschälte rohe Garnelen
2 EL Zitronensaft
Salz
frisch gemahlener Pfeffer
1 Zwiebel
2 Knoblauchzehen
500 g unbehandelte Minigurken
300 g Tomaten
4 EL Öl
250 ml Hühnerbrühe
4 EL Reiswein oder Sherry
4 EL Sojasauce
2 EL Tomatenketchup
1 EL Speisestärke

Pro Portion:
320 kcal; 32 g Eiweiß; 10 g Kohlenhydrate; 17 g Fett; 2 g Ballaststoffe

1. Das Fischfilet abbrausen, trocken tupfen und in mundgerechte Stücke schneiden. Die Garnelen waschen und abtropfen lassen. Beides mit Zitronensaft beträufeln, salzen und pfeffern.

2. Die Zwiebel schälen, halbieren und in feine Streifen schneiden. Knoblauch schälen und in dünne Scheiben schneiden. Gurken waschen, längs halbieren und entkernen; die Hälften in 1 cm breite Scheiben schneiden. Die Tomaten waschen, vierteln, entkernen und in Spalten schneiden.

3. Im Wok oder in einer großen Pfanne 2 EL Öl erhitzen. Die Fischstücke darin portionsweise je 2–3 Minuten pro Seite anbraten. Herausnehmen und zugedeckt beiseitestellen.

4. Inzwischen für die Würzsauce die Brühe mit Reiswein oder Sherry, Sojasauce, Ketchup und Speisestärke verquirlen.

5. Zwiebeln und Knoblauch im verbliebenen Bratfett in der Pfanne 1 Minute braten. Gurken hinzufügen und alles noch 1 Minute braten.

6. Die Würzsauce dazugießen; 2 Minuten köcheln lassen, bis die Sauce andickt. Die Tomaten untermischen. Das Gericht mit Salz und Pfeffer abschmecken. Die Fischstücke in der Sauce erwärmen.

Das schmeckt dazu
Langkörniger weißer Patna-Reis lässt sich besonders gut mit Stäbchen essen. Perfekt gegart bleibt er trocken und körnig, wobei die Körnchen leicht aneinanderhaften.

Extra-Würze
Für eine fruchtig-scharfe Note noch 4 cm frischen gehackten Ingwer (etwa 40 g) mit Zwiebeln und Knoblauch in Schritt 5 anbraten.

Variante: Paprika-Fisch süßsauer

500 g Rotbarschfilet in mundgerechten Stücken mit 2 EL Zitronensaft beträufeln und salzen. Für die Würzsauce 250 ml Hühnerbrühe, 4 EL Reis- oder Obstessig, 1 EL braunen Zucker, 4 EL Sojasauce und 1 EL Speisestärke verrühren. Zwei gewürfelte Zwiebeln sowie eine rote und eine grüne in Streifen geschnittene Paprikaschote in 2 EL heißem Öl unter Rühren 2 Minuten braten. Die Würzsauce und 240 g abgetropfte Ananasstücke (Dose) dazugeben; 2 Minuten köcheln lassen. Die Fischstücke 3–4 Minuten in 2 EL heißem Öl braten und auf dem süßsauren Gemüse anrichten. Dazu passt Reis.

Mit Fisch und Meeresfrüchten

131

Aus Wok und Pfanne

Zubereiten: 30 Minuten
Provenzalische Thunfischpfanne

Für 4 Portionen

- 600 g Thunfischfilet
- Salz
- frisch gemahlener Pfeffer
- 400 g Zucchini
- 1 Aubergine
- 1 große rote Paprikaschote
- 6 EL Olivenöl
- 1 Zwiebel
- 2 Knoblauchzehen
- 1 Dose gehackte Tomaten mit Basilikum (400 g)
- 1 EL Kräuter der Provence
- 1 Bund Petersilie

Pro Portion:
520 kcal; 36 g Eiweiß; 7 g Kohlenhydrate; 38 g Fett; 5 g Ballaststoffe

1. Das Thunfischfilet trocken tupfen und in 2 cm große Würfel schneiden. Mit Salz und Pfeffer würzen. Zucchini, Aubergine und Paprika waschen, putzen und in ½ cm große Würfel schneiden.

2. In einer großen beschichteten Pfanne 2 EL Öl stark erhitzen. Die Fischwürfel darin in 4–5 Minuten unter Wenden braten. Herausnehmen und zugedeckt beiseitestellen. Inzwischen Zwiebel und Knoblauch schälen und fein hacken.

3. Das übrige Öl (4 EL) in der Pfanne erhitzen. Zwiebel mit Knoblauch darin in 2 Minuten glasig braten. Gemüse dazugeben und unter Rühren 5 Minuten mitbraten; anschließend die Tomaten untermischen. Alles mit Salz, Pfeffer und Kräutern der Provence würzen; unter gelegentlichem Rühren offen 5 Minuten köcheln lassen.

4. Die Fischwürfel unter das Gemüse heben und 2 Minuten darin ziehen lassen; salzen und pfeffern.

5. Petersilie waschen und trocken schütteln. Die Blätter abzupfen, grob hacken und über die Thunfischpfanne streuen. Mit Kräuterbaguette servieren.

Kräuterbaguette
Ein großes Baguette in Scheiben ein-, aber nicht durchschneiden. 125 g weiche Butter mit 2 EL gehackten Kräutern (z. B. Basilikum, Petersilie und Thymian) verrühren. Mit Salz und Pfeffer abschmecken. Buttermischung in die Einschnitte streichen; das Brot im 220 °C heißen Ofen 7–10 Minuten backen.

Alternative
Thunfisch hat dunkelrotes festes Fleisch, das an Kalbfleisch erinnert. Es schmeckt sehr gut gegrillt oder gebraten und kann durch Schwertfisch ersetzt werden.

Variante: Provenzalische Thunfischspieße

Das Thunfischfilet vorbereiten und würzen (Schritt 1). 5 EL Olivenöl, 3 EL Zitronensaft und 1 EL Kräuter der Provence in einer Schale verrühren. Eine fein gehackte Knoblauchzehe dazugeben. Die Fischwürfel in der Marinade wenden und 10 Minuten ziehen lassen. Inzwischen eine rote Paprikaschote in 2 cm große Würfel und zwei kleine Zucchini in 1 cm dicke Scheiben schneiden. 100 g Schalotten schälen und halbieren. Fischwürfel aus der Marinade heben, abtropfen lassen und mit dem Gemüse abwechselnd auf Spieße stecken. Die Fischspieße in der heißen Grillpfanne 8–10 Minuten braten, dabei öfter mit Marinade beträufeln. Mit Zitronenspalten und Baguette servieren.

Mit Fisch und Meeresfrüchten

133

Mit Fisch und Meeresfrüchten

4 x Dämpfen im Wok

Zubereiten: 30 Min.
Ingwer-Fisch

Für 4 Portionen

4 küchenfertige Doraden oder Forellen (je etwa 350 g) trocken tupfen. Auf jeder Seite dreimal schräg einschneiden; mit **Salz** einreiben. **3 Frühlingszwiebeln** in Scheiben schneiden. **4 cm frischen Ingwer (etwa 40 g)** schälen und in feine Streifen schneiden. **2–3 rote Chilischoten** entkernen und in feine Halbringe schneiden.

Im Wok **2–3 cm hoch Wasser** aufkochen lassen. Dämpfeinsatz mit **2–3 Chinakohlblättern** auslegen. Fische daraufgeben; mit Frühlingszwiebeln, Ingwer und Chilis bestreuen. Dämpfkorb auf den Wok setzen. **50 ml Hühnerbrühe, 4 EL Sojasauce, 1 TL Sesamöl und ½ TL Zucker** verrühren; über die Fische träufeln. Zugedeckt 12–15 Minuten dämpfen.

Pro Portion:
435 kcal; 73 g Eiweiß; 3 g Kohlenhydrate; 14 g Fett; 1,5 g Ballaststoffe

Zubereiten: 20 Min.
Lachsfilet mit Asia-Pesto

Für 4 Portionen

4 Lachsfilets (ohne Haut; je etwa 200 g) trocken tupfen; mit **Salz** und **Pfeffer** würzen. **1 unbehandelte Limette** achteln. Lachsfilets und Limettenachtel in den Dämpfeinsatz legen. Auf den Wok über **500 ml kochendes Wasser** setzen. Mit **4 EL Teriyakisauce** und **2 EL Mirin (süßer Reiswein)** beträufeln. Zugedeckt 10 Minuten dämpfen.

Für das Pesto die Blätter von je **1 Bund Koriandergrün** und **Petersilie** grob hacken. **1 cm frischen Ingwer (etwa 10 g)** fein würfeln. **50 g Cashewkerne** grob hacken. Alles mit **4 EL Öl** fein pürieren. Nach und nach noch **5–6 EL Öl** unterschlagen, bis die Paste sämig ist. Mit **1–2 TL Limettensaft**, **Salz** und **Pfeffer** abschmecken. Zu den Lachsfilets reichen.

Pro Portion:
565 kcal; 40 g Eiweiß; 5 g Kohlenhydrate; 44 g Fett; 1 g Ballaststoffe

Zubereiten: 20 Min.
Garnelen mit Paksoi

Für 4 Portionen

4 Paksoi waschen, je nach Größe längs halbieren oder vierteln. Die halbierten Stauden in den Dämpfkorb legen. **500 g rohe geschälte Garnelen (frische oder TK-Ware)** trocken tupfen und auf den Paksoi geben. Mit **Salz** und **Pfeffer** würzen. **2 Knoblauchzehen** und **2 cm frischen Ingwer (etwa 20 g)** schälen, klein würfeln und beides über die Garnelen streuen.

Im Wok **2–3 cm hoch Wasser** zum Kochen bringen. Dämpfkorb mit dem Deckel verschließen, auf den Wok setzen und alles in 5–8 Minuten garen.

Inzwischen in einem kleinen Topf **200 ml Kokosmilch (Dose)** mit **2 EL Limettensaft, 1–2 TL roter Thai-Currypaste** und **1 EL Fischsauce** verrühren und 5 Minuten einköcheln lassen. Garnelen und Paksoi auf Tellern anrichten, mit der Sauce begießen und servieren. Dazu schmeckt Reis.

Pro Portion:
250 kcal; 29 g Eiweiß; 5 g Kohlenhydrate; 13 g Fett; 3 g Ballaststoffe

Zubereiten: 30 Min.
Muscheln aus dem Würzdampf

Für 4 Portionen

2,5 kg Miesmuscheln unter kaltem Wasser gründlich abbürsten; geöffnete Muscheln wegwerfen. **2 Schalotten, 2 Knoblauchzehen** und **2 cm frischen Ingwer (etwa 20 g)** schälen und würfeln. Von **2 Stängeln Zitronengras** die unteren 10 cm in feine Ringe schneiden. **1 rote Chilischote** entkernen, in feine Streifen schneiden. Alles (bis auf die Muscheln) im Wok in **2 EL heißem Öl** 1–2 Minuten braten. **250 ml Kokosmilch, 125 ml Gemüsebrühe** und **125 ml Weißwein** zugießen; aufkochen lassen. Muscheln im Dämpfeinsatz über dem Würzsud 10–12 Minuten dämpfen (nicht geöffnete Muscheln wegwerfen). Muscheln mit dem Sud anrichten.

Pro Portion:
600 kcal; 64 g Eiweiß; 26 g Kohlenhydrate; 25 g Fett; 0,5 g Ballaststoffe

Sanftes Garen im Dampf

Der Wok bietet sich hervorragend zum Dämpfen an. Stapelbare Dämpfkörbchen aus Bambus mit passendem Korbdeckel gibt es in verschiedenen Größen. Praktisch ist auch ein Wok mit einem großen Dämpfeinsatz aus Edelstahl – darin finden selbst große Fische Platz. Eine preiswerte Alternative zu Körbchen oder Edelstahleinsatz ist ein faltbarer Siebeinsatz, der sich durch seine bewegliche Blütenform jedem Wok anpasst. Aber auch ohne Gerätschaften können Sie Zutaten im Wok dämpfen: Die Zutaten auf einen Teller oder eine Servierplatte legen, diesen auf zwei Tassen in den eine Handbreit hoch mit Wasser gefüllten Wok stellen. Unter dem gewölbten Wok-Deckel garen die Zutaten im frei zirkulierenden Dampf.

Aus Wok und Pfanne

Mit Fisch und Meeresfrüchten

Zubereiten: 30 Minuten

Brokkoli und Fisch im Backteig

Für 4 Portionen

2 große Eier
150 g Mehl
125 ml Milch
2 EL Rapsöl
½ TL gemahlener Koriander
2 EL Sesamsamen
2 EL helle Sojasauce
frisch gemahlener Pfeffer
400 g Fischfilet (z. B. Rotbarsch, Seelachs oder Kabeljau)
1 EL Zitronensaft
Salz
500 g Brokkoliröschen
Butterschmalz zum Frittieren
1 unbehandelte Zitrone

Pro Portion:
475 kcal; 33 g Eiweiß; 32 g Kohlenhydrate; 24 g Fett; 6 g Ballaststoffe

1. Die Eier trennen. Aus Eigelben, Mehl, Milch, Öl und 100 ml Wasser einen glatten Teig rühren. Den Teig mit Koriander, Sesam, Sojasauce und etwas Pfeffer würzen.

2. Den Fisch trocken tupfen und in mundgerechte Stücke schneiden. Mit Zitronensaft beträufeln und mit Salz und Pfeffer würzen. Den Brokkoli waschen und in Röschen teilen.

3. In einer hohen Pfanne oder im Wok so viel Butterschmalz zum Frittieren erhitzen, dass die Pfanne damit etwa 2 cm hoch gefüllt ist. Die Eiweiße steif schlagen und unter den Teig heben.

4. Fisch und Brokkoli nacheinander durch den Backteig ziehen, etwas abtropfen lassen und portionsweise im heißen Fett in je 5–6 Minuten goldbraun ausbacken. Auf Küchenpapier abtropfen lassen. Ausgebackene Stücke im 100 °C heißen Ofen warm halten.

5. Die Zitrone heiß waschen, trocken reiben und in Spalten schneiden. Zu den frittierten Brokkoli- und Fischstücken servieren.

Das schmeckt dazu
Eine Kräutersauce passt sehr gut zu den ausgebackenen Happen. Dafür je 100 g Schmand und Joghurt mit 1 TL scharfem Senf, Salz, Pfeffer und 2–3 TL Zitronensaft cremig rühren. 2 EL gehackte Petersilie und 2 EL gehacktes Koriandergrün untermischen.

Alternative
Statt der Fischstücke rohe geschälte Riesengarnelenschwänze durch den Ausbackteig ziehen und wie beschrieben im heißen Fett goldbraun frittieren. Den Brokkoli gegen Romanesco oder Blumenkohl tauschen.

Variante: Frittierte Tintenfischringe

Für den Ausbackteig 2 Eier mit 200 ml Weißwein, Salz und 160 g Mehl glatt rühren. 500 g Tintenfischringe (Kalamari) durch den Teig ziehen und im heißen Öl in 4 Portionen nacheinander je 1 Minute frittieren. Herausheben und auf Küchenpapier abtropfen lassen. Vor dem Frittieren einen Dip aus 300 g klein gewürfelten Tomaten (entkernt), einer fein gewürfelten Zwiebel sowie 3 EL scharfem Ajvar und Salz zubereiten. Den Tomaten-Dip zu den frittierten Tintenfischringen servieren.

Zubereiten: 25 Minuten

Gebratener Vanille-Grieß

Für 4 Portionen

1 Vanilleschote
100 g Zucker
700 ml Milch
1 Prise Salz
200 g Hartweizengrieß
1 Ei
500 g gemischte Beeren (z. B. Erdbeeren, Himbeeren, Johannisbeeren, Heidelbeeren)
1 EL Puderzucker
1 EL Zitronensaft
2 EL Butter
Puderzucker zum Bestäuben

Pro Portion:
495 kcal; 14 g Eiweiß; 77 g Kohlenhydrate; 13 g Fett; 12 g Ballaststoffe

1. Die Vanilleschote längs halbieren, das Mark herauskratzen. Mark und Schote mit dem Zucker, der Milch und dem Salz in einem Topf einmal aufkochen lassen.

2. Grieß unter Rühren einrieseln lassen und unter gelegentlichem Rühren 5 Minuten bei schwacher Hitze quellen lassen. Vom Herd nehmen. Das Ei unterrühren.

3. Die Beeren kurz abbrausen, verlesen und, falls nötig, putzen; die Erdbeeren vierteln. Die Beeren in einer Schüssel behutsam mischen. Puderzucker und Zitronensaft verrühren, die Mischung über die Beeren träufeln.

4. In einer großen beschichteten Pfanne die Butter erhitzen. Grieß hineingeben und in 5–7 Minuten unter Wenden braten, bis er goldbraun und krümelig ist.

5. Den Vanille-Grieß mit den Beeren anrichten. Mit Puderzucker bestäuben, nach Belieben mit frischen Minze- oder Zitronenmelisseblättern bestreuen und warm servieren.

Alternative
Außerhalb der Saison statt der frischen Beeren eine TK-Beerenmischung verwenden. Die Beeren am besten langsam im Kühlschrank oder nach Packungsangabe in der Mikrowelle auftauen lassen.

Das schmeckt dazu
Wer mag, kann mit dem Grieß noch 2 EL gehobelte oder gehackte Mandeln in der Pfanne braten und alles mit Zimt-Zucker bestreuen.

Variante: Kokos-Grieß-Pfanne mit Mandarinen

In einem Topf 400 ml Kokosmilch (Dose) und 400 ml Milch mit der abgeriebenen Schale von einer Limette und 75 g Rohrohrzucker aufkochen. 200 g Hartweizengrieß darin unter Rühren 4–5 Minuten köcheln lassen. Vom Herd nehmen und 1 Ei unterrühren. Den Saft von einer Mandarine auspressen, mit 2 EL flüssigem Honig verrühren. Die Spalten von 6 Mandarinen quer halbieren. Die Mandarinenstücke mit dem Saft mischen. Den Kokos-Grieß wie im Rezept beschrieben in Butter braten. Mit den marinierten Mandarinen anrichten und mit 1–2 EL gerösteten Kokosraspeln bestreuen.

Süßspeisen

Aus Wok und Pfanne

Zubereiten: 25 Minuten
Karamellisiertes Brot mit Limettencreme und Obst

Für 4 Portionen

150 g Crème fraîche
100 g Joghurt
120 g Zucker
abgeriebene Schale von ½ unbehandelten Limette
200 g reife Aprikosen
2 Kiwis
125 g Himbeeren
3 EL Butterschmalz
8 Scheiben Kastenweißbrot

Pro Portion:
460 kcal; 6 g Eiweiß; 60 g Kohlenhydrate; 21 g Fett; 6 g Ballaststoffe

1. Die Crème fraîche mit dem Joghurt, 2 EL Zucker und der Limettenschale cremig verrühren; zugedeckt kalt stellen.

2. Die Aprikosen waschen, halbieren und entsteinen. Die Fruchthälften in Spalten schneiden. Die Kiwis schälen und ebenfalls in Spalten teilen.

3. Die Himbeeren, falls nötig, kurz abbrausen und verlesen. Aprikosen, Kiwis und Beeren mischen; kalt stellen.

4. In einer großen Pfanne 1½ EL Butterschmalz erhitzen. 4 Brotscheiben darin pro Seite 1 Minute braten. Danach jede Scheibe auf beiden Seiten mit 1 TL Zucker bestreuen und in der Pfanne in 2–3 Minuten unter Wenden goldbraun karamellisieren.

5. Die Brote aus der Pfanne nehmen und im 100 °C heißen Ofen warm halten. Die übrigen Brotscheiben im übrigen Butterschmalz (1½ EL) braten, mit dem restlichen Zucker bestreuen und karamellisieren. Die Brote mit der Limettencreme und den Früchten auf Tellern anrichten.

So geht's noch schneller
Wenn Sie je 4 Brotscheiben gleichzeitig in zwei großen Pfannen braten und karamellisieren, verkürzt sich die Zubereitungszeit um etwa 10 Minuten.

Alternative
Den Obstsalat sollten Sie je nach Saison und Angebot zusammenstellen: Statt der Sommerfrüchte eignen sich im Herbst beispielsweise Weintrauben, Birnen und Feigen, im Winter Mandarinen, Bananen und Physalis.

Variante: Arme Ritter mit Kompott und Joghurt

In einer Schale 250 ml Milch, 2 Eier, eine Prise Salz und 2 EL braunen Zucker verquirlen. 8 Scheiben Weizentoastbrot nacheinander in der Eiermilch wenden. Die Toastscheiben in heißem Butterschmalz in zwei Portionen in 3–4 Minuten auf beiden Seiten goldbraun braten. Die Armen Ritter auf Küchenpapier kurz abtropfen lassen. Mit Apfel- oder Rhabarberkompott oder gemischten Beeren und Sahnejoghurt anrichten.

Süßspeisen

Aus Wok und Pfanne

Süßspeisen

Zubereiten: 20 Minuten
Herbstliche Bulgur-Früchte-Pfanne

Für 4 Portionen

- 500 ml Milch
- 4 EL brauner Zucker
- 1 EL Vanillezucker
- 150 g Bulgur
- 2 Birnen
- 300 g grüne und blaue Weintrauben
- 1 EL Öl
- 1 EL Butter
- 80 g gehackte Mandeln
- 5 EL Orangensaft
- ½ TL gemahlener Zimt
- 1 Prise geriebene Muskatnuss
- 200 g Sahnejoghurt

Pro Portion:
570 kcal; 14 g Eiweiß; 69 g Kohlenhydrate; 26 g Fett; 9 g Ballaststoffe

1. In einem Topf die Milch mit 2 EL Zucker und Vanillezucker aufkochen. Den Bulgur einstreuen und zugedeckt bei mittlerer Hitze 10 Minuten quellen lassen. Offen etwas abkühlen lassen.

2. Inzwischen die Birnen waschen und entkernen, dann quer in dünne Scheiben schneiden. Die Weintrauben waschen, von den Stielen zupfen und je nach Größe ganz lassen oder halbieren.

3. In einer großen Pfanne Öl und Butter erhitzen. Mandeln und Bulgur darin unter Rühren bei mittlerer Hitze in 5 Minuten goldbraun braten. Birnen und Trauben dazugeben.

4. Das Gericht mit dem übrigen Zucker süßen, den Orangensaft unterrühren und alles mit Zimt und Muskat würzen.

5. Die Bulgur-Früchte-Pfanne auf Tellern oder in Gläsern anrichten. Auf jede Portion etwas Sahnejoghurt geben und sofort servieren.

Alternative
Im Sommer bieten sich Pfirsiche und gemischte Beeren wie Erdbeeren, Brombeeren und Johannisbeeren anstelle von Birnen und Weintrauben an.

Aroma-Kick
Mit etwas abgeriebener Schale von einer unbehandelten Orange können Sie das fruchtige Aroma der Bulgur-Pfanne noch intensivieren.

Variante: Orangen-Couscous-Pfanne mit Nüssen

In einem Topf 300 ml Orangensaft mit ½ TL gemahlenem Zimt aufkochen. 300 g Couscous hineinstreuen und 4 Minuten quellen lassen. Den Couscous mit einer Gabel auflockern. 2 EL Butter in einer großen beschichteten Pfanne erhitzen. 40 g grob gehackte Walnusskerne, 50 g getrocknete Soft-Cranberrys, 1 Messerspitze gemahlenen Safran und ½ TL gemahlenen Zimt darin 1–2 Minuten rösten. Den Couscous und 4 EL braunen Zucker dazugeben und 2 Minuten unter Rühren mitbraten. Filets von 2 Orangen unterheben. Couscous mit 2 EL Zitronensaft beträufeln. Mit halb steif geschlagener Sahne servieren.

Aus Wok und Pfanne

Süßspeisen

Zubereiten: 30 Minuten

Zitronen-Pfannkuchen mit Erdbeeren

Für 4 Portionen

- 500 g Erdbeeren
- 2 EL Soft-Cranberrys
- 2 EL Erdbeerkonfitüre oder -fruchtaufstrich
- 2–3 TL Zitronensaft
- 200 g Mehl
- 2 EL Zucker
- 1 Prise Salz
- abgeriebene Schale von 1 unbehandelten Zitrone
- 4 Eier
- 250 ml Milch
- 4 TL Butterschmalz
- 4 Kugeln Vanilleeis

Pro Portion:
490 kcal; 17 g Eiweiß; 65 g Kohlenhydrate; 18 g Fett; 4,5 g Ballaststoffe

1. Die Erdbeeren kurz abbrausen, putzen und vierteln. Mit den Cranberrys, Konfitüre oder Fruchtaufstrich und dem Zitronensaft in einer Schüssel mischen.

2. Für den Teig Mehl, Zucker, Salz und Zitronenschale in einer Schüssel mischen. Eier und Milch dazugeben und alles mit den Quirlen des Handrührgeräts zu einem glatten Teig verrühren.

3. In einer mittelgroßen Pfanne 1 TL Butterschmalz zerlassen. Ein Viertel des Teigs hineingeben und bei schwacher Hitze auf jeder Seite in 2 Minuten goldbraun braten. Aus dem restlichen Teig im übrigen Butterschmalz drei weitere Pfannkuchen backen. Fertige Pfannkuchen auf einem Teller im 100 °C heißen Ofen warm halten.

4. Die Pfannkuchen auf Tellern anrichten. Den Erdbeersalat darauf verteilen und auf jede Portion 1 Kugel Vanilleeis setzen. Sofort servieren.

Aroma plus
40 g gehobelte Mandeln in einer Pfanne ohne Fett goldbraun rösten. Herausnehmen und abkühlen lassen. Vor dem Servieren über die angerichteten Pfannkuchen streuen.

So geht's noch schneller
Die marinierten Erdbeeren können Sie durch fertige Rote Grütze aus dem Kühlregal ersetzen – jeweils einen Löffel davon auf den Pfannkuchen anrichten.

Alternative
Für eine exotische Note die Milch im Teig durch die entsprechende Menge Kokosmilch (Dose) ersetzen.

Variante: Mini-Pfannkuchen mit Obstsalat

Aus 200 g Mehl, 3 TL Backpulver, 2 EL Zucker, einer Prise Salz und der abgeriebenen Schale von einer unbehandelten Limette sowie 4 Eiern und 250 ml Milch einen glatten Teig herstellen. In einer großen beschichteten Pfanne Butterschmalz zerlassen und den Teig esslöffelweise darin bei mittlerer Hitze auf jeder Seite 3 Minuten goldbraun braten. Die Pfannküchlein mit Obstsalat und je einer Kugel Walnusseis anrichten.

Aus Wok und Pfanne

Zubereiten: 20 Minuten

Mohn-Nudel-Pfanne mit Kirschragout

Für 4 Portionen

Salz

300 g Bandnudeln

1 Glas Sauerkirschen (720 g Inhalt)

1 EL Speisestärke

2 Päckchen Vanillezucker

100 g Butter

30 g gemahlene Mohnsamen

30 g Semmelbrösel

3 EL brauner Zucker

abgeriebene Schale von ½ unbehandelten Orange

1 Messerspitze gemahlener Zimt

Pro Portion:
660 kcal; 13 g Eiweiß; 90 g Kohlenhydrate; 27 g Fett; 6,5 g Ballaststoffe

1. In einem Topf reichlich Salzwasser aufkochen lassen. Die Nudeln darin nach Packungsangabe bissfest garen.

2. Inzwischen die Kirschen in einem Sieb abtropfen lassen, dabei den Saft auffangen. 2 EL Saft mit der Speisestärke verrühren.

3. Den restlichen Saft in einem Topf mit dem Vanillezucker mischen und aufkochen lassen. Stärkemischung einrühren, den Saft noch einmal aufkochen lassen; vom Herd nehmen. Die Kirschen untermischen und das Ragout beiseitestellen.

4. In einer großen Pfanne die Butter zerlassen. Mohnsamen, Semmelbrösel und Zucker hineingeben und bei mittlerer Hitze unter Rühren goldbraun rösten.

5. Die Nudeln abgießen, gut abtropfen lassen, in die Pfanne geben und in der Mohn-Brösel-Mischung 2–3 Minuten schwenken. Das Nudelgericht mit der Orangenschale und dem Zimt würzen. Mit dem Kirschragout servieren. Die Menge reicht als Hauptgericht für vier Personen, als Dessert für sechs.

Reste verwerten
Falls Sie übrige gegarte Nudeln im Kühlschrank haben, können Sie sie als Basis für das süße Pfannengericht verwenden. Die gekühlten Nudeln mit heißem Wasser übergießen, abtropfen lassen und dann in der Mohn-Brösel-Mischung wenden.

Clever vorbereiten
Das Kirschragout schon am Vortag zubereiten und abkühlen lassen. So wird die Mohn-Nudel-Pfanne zum Blitzgericht.

Variante: Kokos-Nudel-Pfanne mit Papayasauce

In einer großen beschichteten Pfanne 75 g Butter zerlassen. Darin 40 g Kokosraspel und die Brösel von 2 Zwiebäcken mit 3 EL Zucker goldbraun rösten. Die abgetropften Nudeln in die Pfanne geben und bei mittlerer Hitze in der Kokos-Mischung 2–3 Minuten wenden. Die Kokos-Nudel-Pfanne mit etwa 1 TL abgeriebener Limettenschale würzen. Das Fruchtfleisch von einer Papaya pürieren, mit 1–2 EL Limettensaft und 1 EL Zucker abschmecken und als Sauce dazu reichen.

Süßspeisen

Süßspeisen

4 x Süßes aus der Pfanne

Zubereiten: 30 Min.
Quarkkeulchen mit Preiselbeeren

Für 4 Portionen

500 g Kartoffelteig (halb gekocht, halb roh; Kühlregal) in einer Schüssel mit einer Gabel auflockern. **150 g Mehl, 2 EL Zucker** und **50 g Rosinen** dazugeben. **250 g Magerquark** mit **1 Ei** und **1 Eigelb** verrühren, die Quarkcreme unter den Kartoffelteig kneten. Masse auf der bemehlten Arbeitsfläche zu zwei 6–7 cm dicken Rollen formen, diese in 1,5 cm dicke Scheiben (Keulchen) schneiden und flach drücken.

In zwei beschichteten Pfannen je **1 EL Butterschmalz** erhitzen. Die Keulchen darin auf jeder Seite in 4 Minuten goldbraun braten. Quarkkeulchen mit Zimtzucker bestreuen und mit Preiselbeeren servieren.

Pro Portion:
415 kcal; 17 g Eiweiß; 71 g Kohlenhydrate; 6 g Fett; 2 g Ballaststoffe

Zubereiten: 25 Min.
Schupfnudeln mit Karamell-Zwetschgen

Für 4 Portionen

4 EL gehobelte Mandeln in einer Pfanne ohne Fett goldbraun rösten; vom Herd nehmen und abkühlen lassen. **500 g Zwetschgen** waschen und entsteinen. In einer großen beschichteten Pfanne **50 g Butter** zerlassen. **750 g Schupfnudeln (Kühlregal)** darin in 5 Minuten goldbraun braten, dabei gelegentlich wenden. Zwetschgen und Mandeln zu den Schupfnudeln geben. Mit **2 Päckchen Vanillezucker** und **4 EL Puderzucker** bestreuen; unter Wenden bei mittlerer Hitze 3–4 Minuten braten, bis Zwetschgen und Mandeln karamellisiert sind.

Auf Tellern anrichten und mit Puderzucker bestäuben. Dazu passt Vanillesauce.

Pro Portion:
510 kcal; 13 g Eiweiß; 67 g Kohlenhydrate; 20 g Fett; 9 g Ballaststoffe

Zubereiten: 20 Minuten
Himbeer-Bruschettas

Für 4 Portionen

150 g Speisequark mit **1 EL Limettensaft** und **1 Päckchen Vanillezucker** verrühren und kalt stellen. **2 EL Pinienkerne** in einer Pfanne ohne Fett goldbraun rösten, herausnehmen und beiseitestellen. **125 g Himbeeren** verlesen und, falls nötig, kurz abbrausen.

In einer großen beschichteten Pfanne je **1 EL Butter** und **1 EL Öl** erhitzen. **100 g Hefezopf** in 4 Scheiben schneiden. Diese ins heiße Fett geben und bei mittlerer Hitze auf jeder Seite 1 Minute hellbraun braten. Herausnehmen und mit der Quarkcreme bestreichen. Die Creme mit den Himbeeren belegen und die Pinienkerne darüberstreuen. Bruschettas mit Puderzucker bestäuben; servieren.

Pro Portion:
195 kcal; 8 g Eiweiß; 15 g Kohlenhydrate; 11 g Fett; 3 g Ballaststoffe

Zubereiten: 30 Min.
Nuss-Schmarren mit Birnenkompott

Für 4 Portionen

Für das Kompott **500 ml roten Traubensaft** mit **1 Zimtstange** und **2 EL braunem Zucker** aufkochen lassen. **4 kleine Birnen** vierteln, entkernen und quer in Scheiben schneiden. **1 EL Speisestärke** mit **3 EL Wasser** glatt rühren; Traubensaft damit binden. Birnen zum Saft geben; 2 Minuten köcheln; etwas abkühlen lassen.

2 Beutel Teigmischung für Kaiserschmarren (Pulver; je für 2 Personen) nach Packungsangabe mit der entsprechenden Menge **Milch** und **Ei** zu einem glatten Teig verrühren. In einer großen beschichteten Pfanne **2 EL Butter** erhitzen. Den Teig hineingießen und die untere Seite in 5–8 Minuten goldbraun backen. Den Teig vierteln, wenden und die zweite Seite bei schwacher Hitze in 5 Minuten goldbraun backen.

Den Teig mit zwei Gabeln in kleine Stücke zerreißen, **2 EL gehackte Walnusskerne** dazugeben und alles noch etwa 2 Minuten backen. Den Schmarren mit dem Kompott anrichten, mit Puderzucker bestäuben und servieren.

Pro Portion:
430 kcal; 8 g Eiweiß; 65 g Kohlenhydrate; 15 g Fett; 5 g Ballaststoffe

Süßes blitzschnell gebraten

Mit Fertigprodukten wie Schupfnudeln, Frischeinudeln, Pfannkuchen und Knödelteig aus dem Kühlregal oder mit Teigmischungen z. B. für Pfannkuchen und Kaiserschmarren sind süße Pfannengerichte im Nu zubereitet. Die Produkte nach Packungsangabe in der Pfanne braten bzw. zuerst anrühren und dann braten. Mit Zutaten wie Obst, Quark, Joghurt, Eis und Nüssen erhalten die schnellen Süßspeisen eine frische und individuelle Geschmacksnote.

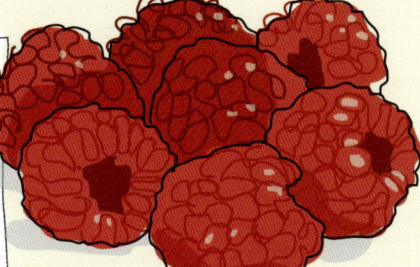
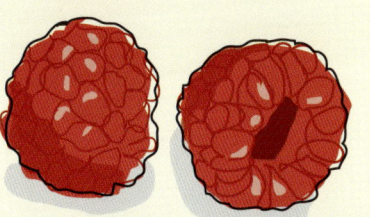

Aus Wok und Pfanne

Zubereiten: 30 Minuten
Süße Frühlingsrollen mit Aprikosen

Für 4 Portionen

| 24 runde Reispapierblätter |
| 500 g Aprikosen |
| 100 g Marzipanrohmasse |
| 1 Eiweiß |
| 4 EL Butterschmalz |
| 2 EL gehackte Pistazien |
| 2 EL Puderzucker |

Pro Portion:
320 kcal; 6 g Eiweiß; 25 g Kohlenhydrate; 22 g Fett; 5 g Ballaststoffe

1. Ein feuchtes großes Geschirrhandtuch auf der Arbeitsfläche ausbreiten. Die Reisblätter einzeln für 30 Sekunden in warmes Wasser tauchen; je 2 Blätter aufeinander auf das Geschirrhandtuch legen.

2. Die Aprikosen waschen, halbieren, entsteinen und in Spalten schneiden. Die Marzipanmasse auf der Rohkostreibe grob raspeln.

3. Die Aprikosen auf den Reisblättern verteilen, die Marzipanraspel darüberstreuen. Die Teigränder rundherum mit Eiweiß bestreichen. Je zwei gegenüberliegende Teigränder über die Füllung schlagen, dann den Teig von einer der anderen Seiten her fest aufrollen.

4. Das Butterschmalz in einer Pfanne erhitzen. Die Hälfte der Frühlingsrollen darin rundherum in 5 Minuten knusprig braten. Herausheben und im 100 °C heißen Ofen warm stellen. Die zweite Portion genauso braten.

5. Je drei Frühlingsrollen auf einem Teller anrichten. Mit den gehackten Pistazien bestreuen, mit Puderzucker bestäuben und servieren.

Das schmeckt dazu
Eine cremige Vanillesauce, egal ob warm oder kalt, krönt die knusprigen Röllchen.

So geht's noch schneller
Statt dem getrockneten Reispapier, das eingeweicht werden muss, können Sie 8 Blätter TK-Frühlingsrollenteig verwenden. Diese in wenigen Minuten auftauen lassen, sofort belegen, rollen und braten.

Variante: Gebackene Zwetschgenröllchen

24 Reispapierblätter wie im Rezept beschrieben einweichen; je 2 Blätter auf einem feuchten Geschirrhandtuch aufeinanderlegen. Für die Füllung 4 EL Pflaumenmus mit 100 g Frischkäse, 50 g saurer Sahne, je 1 EL Vanillezucker und Zucker, 1 Ei und ½ EL Mehl verrühren. Die Masse mittig auf die Teigblätter geben. Teigränder mit Eiweiß bestreichen, einschlagen und die Blätter aufrollen. Die Röllchen im heißen Butterschmalz in 5 Minuten goldbraun braten. Mit gerösteten Mandelsplittern und 2 EL Puderzucker bestreuen und servieren. Dazu passt mit Zimt und Honig aromatisierter Joghurt.

Süßspeisen

151

Gebackene Bananen mit Kokosraspeln

Zubereiten: 25 Minuten

Für 4 Portionen

125 g Mehl
1 Messerspitze Backpulver
2 EL Zucker
1 Prise Salz
150 ml Milch
2 Eier
2 EL Kokosraspel
4 Bananen (etwa 600 g)
Öl zum Frittieren
2 EL flüssiger Honig

Pro Portion:
450 kcal; 9 g Eiweiß; 55 g Kohlenhydrate; 21 g Fett; 4 g Ballaststoffe

1. Das Mehl, das Backpulver, den Zucker und das Salz in einer Schüssel vermischen. Die Milch und die Eier verquirlen und die Eiermilch mit einem Schneebesen unter die Mehlmischung rühren, bis ein glatter Teig entstanden ist. Den Teig 5–10 Minuten ruhen lassen.

2. Inzwischen die Kokosraspel in einer Pfanne ohne Fett hellbraun rösten. Beiseitestellen und abkühlen lassen.

3. Die Bananen schälen und schräg in 4–5 cm breite Stücke schneiden. Öl zum Frittieren etwa 2 cm hoch in Wok oder Pfanne füllen und erhitzen.

4. Die Bananenstücke nacheinander durch den Teig ziehen und portionsweise im heißen Öl in 3 Minuten goldbraun ausbacken. Auf Küchenpapier abtropfen lassen. Fertige Bananenstücke im 100 °C heißen Ofen warm halten.

5. Die gebackenen Bananen auf vorgewärmten Tellern anrichten, mit Honig beträufeln und mit den gerösteten Kokosraspeln bestreuen.

Das schmeckt dazu
Die gebackenen Bananen werden zum vollendeten Genuss, wenn Sie sie mit Kokoseis oder halbsteif geschlagener Sahne servieren.

Clever vorbereiten
Wenn Sie mehr Zeit haben, können Sie die Eier getrennt unter den Backteig arbeiten – so wird er lockerer. Erst die Eigelbe unter den Teig rühren, Teig 30 Minuten quellen lassen. Danach die Eiweiße steif schlagen und unter den Teig heben.

Alternative
Statt mit Honig können Sie die Bananen auch mit einem Gewürzzucker süßen: Dafür 2 EL Zucker mit 1½ TL gemahlenem Kardamom und ¼ TL Nelkenpulver mischen. Auf einen Teller geben und die frisch gebackenen Bananenstücke darin wenden.

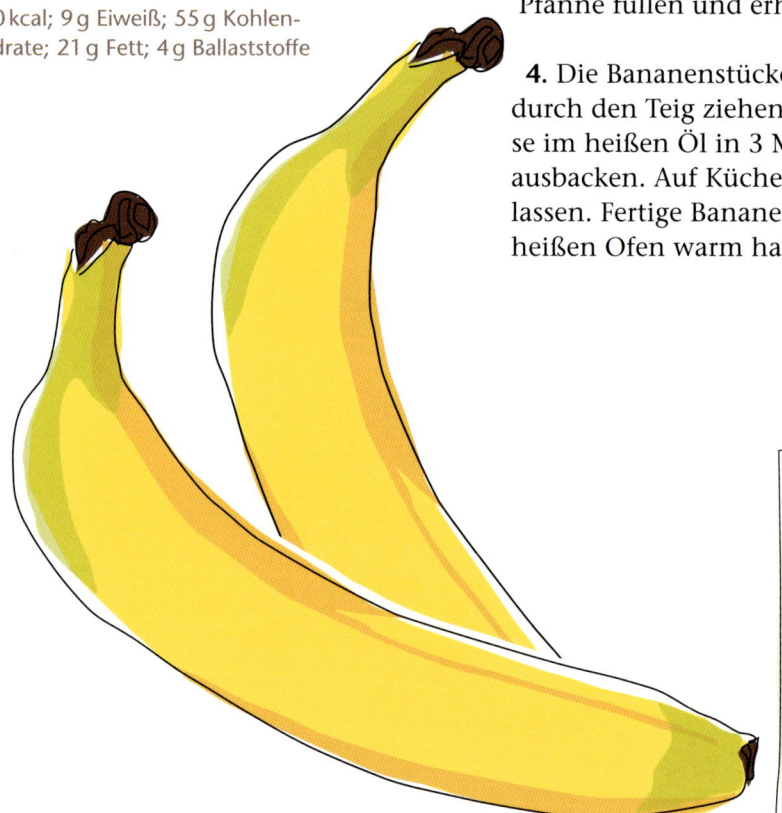

Variante: Apfel-Beignets mit Walnüssen

Den Ausbackteig wie in Schritt 1 beschrieben zubereiten. 4 Äpfel in 1 cm dicke Ringe schneiden, jeweils in Mehl wenden, dann durch den Teig ziehen und portionsweise im heißen Öl goldgelb ausbacken. Auf Küchenpapier abtropfen lassen. Sofort mit 2 EL fein gemahlenen gerösteten Walnüssen bestreuen und mit Walnusseis oder steif geschlagener Sahne servieren.

Süßspeisen

Gerichte aus Wok und Pfanne nach Zubereitungszeit

In 15–20 Minuten fertig
Chopsuey vegetarisch 22
Cremige Erdnusssauce 93
Frittierter Sesam-Tofu mit Gurkensalat 35
Garnelen mit Paksoi 135
Gebratener Spinat mit Speck 17
Gebratenes Schweinefleisch mit Chinakohl 83
Geflügelleber mit Pfirsichen 10
Herbstliche Bulgur-Früchte-Pfanne 143
Himbeer-Bruschettas 149
Kalbsgeschnetzeltes mit grünem Spargel 96
Lachsfilet mit Asia-Pesto 135
Lauch-Tomaten-Pfanne mit Pinienkernen 36
Limetten-Chili-Fischsauce (Nam Pla Prik) 93
Mohn-Nudel-Pfanne mit Kirschragout 146
Pfannengemüse mit Schafskäse und Joghurt 19
Wasabi-Gurken-Dip 93
Zucchini-Pasta-Pfanne 49

In 21–25 Minuten fertig
Blumenkohl-Schinken-Pfanne 107
Bunte Gemüsepfanne mit Kichererbsen 28
Bunte Schupfnudeln mit Rucola 43
Chili-Garnelenpfanne mit Zuckerschoten 123
Curry-Geschnetzeltes mit Lauch und Äpfeln 81
Dinkelpfanne mit Zucchini 73
Fischpfanne mit Spargel und Sprossen 113
Gebackene Bananen mit Kokosraspeln 152
Gebratene Auberginen mit Ajvar-Joghurt-Sauce 25
Gebratener Gemüsereis mit Flusskrebsen 63
Gebratener Vanille-Grieß 138
Gelber Mandel-Reis mit Spinat 65
Gnocchi-Pfanne mit Brokkoli 4
Griechische Reispfanne mit Putenbrust 66
Gurkenpfanne mit Mais 20
Hackfleischpfanne Tex-Mex 102

Hähnchen-Brokkoli-Pfanne 86
Kalamari mit Paprika 124
Karamellisiertes Brot mit Limettencreme und Obst 140
Knusprige Kartoffelbällchen 34
Linsencurry mit grünen Bohnen 27
Mediterrane Gemüsepfanne mit Spiegelei 38
Nudelpfanne mit Rucola und Schafskäse 50
Pfeffer-Lengfisch mit Papaya 126
Pilzpfanne mit Ciabatta-Croûtons 33
Putengeschnetzeltes mit weißen Bohnen 89
Reispfanne mit Kräuterseitlingen 68
Rinderfilet mit Paprika 99
Rindergeschnetzeltes mit grünen Bohnen 78
Scharfe Halloumi-Schnitzel 35
Schupfnudeln mit Karamell-Zwetschgen 149
Spaghetti mit Fenchel und Chorizo 52
Spätzle mit Pilzen und Käsehaube 57
Thai-Curry mit Meeresfrüchten 129
Wurstpfanne mit Dicken Bohnen 109
Zanderfiletpfanne mit Roter Bete 121
Zartweizen-Gemüse-Pfanne mit Bacon 74

In 26–30 Minuten fertig
Asia-Nudeln mit Zuckerschoten und Ananas 44
Bamigoreng – Gebratene Nudeln 58
Brokkoli und Fisch im Backteig 137
Entenbrust in Orangen-Sherry-Sauce 9
Fisch-Garnelen-Pfanne süßsauer 130
Gebackene Champignons 35
Gemüse-Beignets mit Minze-Joghurt 34
Grüner Spargel im Parmesanmantel 35
Ingwer-Fisch 135
Kohlrabi-Lachs-Pfanne mit Erbsen-Nudeln 55
Kräuter-Reispuffer mit Mango-Dip 7
Kürbis-Maronen-Pfanne 30
Lachs-Gemüse-Pfanne auf asiatische Art 116
Mangochutney 92
Muscheln aus dem Würzdampf 135
Nasigoreng mit Omelettschnecken 60

Nuss-Schmarren mit Birnenkompott 149
Orientalische Lammfleischpfanne 84
Orientalischer Couscous mit Kürbis 76
Pannfisch mit Senfsauce 114
Provenzalische Thunfischpfanne 132
Quarkkeulchen mit Preiselbeeren 149
Schollenfilets mit Speckgemüse 110
Sesam-Fischstäbchen mit scharfer Remoulade 118
Spitzkohl mit Kabanossi 14
Steak-Gröstl mit Pilzen 104
Süße Frühlingsrollen mit Aprikosen 150
Süßsaure Pflaumensauce 92
Süßscharfe Chilisauce 92
Thai-Hähnchen-Curry mit Physalis 94
Wirsing-Nudeln mit Rindfleisch 47
Zitronen-Pfannkuchen mit Erdbeeren 145

Rezept- und Sachregister

Rezeptvarianten sind *kursiv* gesetzt.

A

Apfel-Beignets mit Walnüssen 152
Arme Ritter mit Kompott und Joghurt 140
Asia-Nudeln mit Zuckerschoten und Ananas 44
Auberginen
  Auberginen-Curry mit Joghurt 25
  Gebratene Auberginen mit Ajvar-Joghurt-Sauce 25
  Reispfanne mit Kräuterseitlingen 68
Avocadomus (zu Chili-Reispuffern) 71

B

Bamigoreng – Gebratene Nudeln 58
Birnen-Lauch-Pfanne mit Haselnüssen 36
Blumenkohl-Bratwurst-Pfanne 107
Blumenkohl-Schinken-Pfanne 107
Bohnen
  Bohnen-Lachs-Pfanne mit Bandnudeln 55
  Putengeschnetzeltes mit weißen Bohnen 89
  Rindergeschnetzeltes mit grünen Bohnen 78
  Rucola-Speck-Nudeln mit Dicken Bohnen 50
  Würstchenpfanne mit weißen Bohnen 109
  Wurstpfanne mit Dicken Bohnen 109
Brat-Tipps, Die besten 9
Bratpfannen, Arten 6

Brokkoli
  Brokkoli und Fisch im Backteig 137
  Gebratener Chili-Brokkoli mit Putenfleisch 86
  Gnocchi-Pfanne mit Brokkoli 41
  Hähnchen-Brokkoli-Pfanne 86
Bulgur/Couscous
  Herbstliche Bulgur-Früchte-Pfanne 143
  Orangen-Couscous-Pfanne mit Nüssen 143
  Orientalischer Couscous mit Kürbis 76
  Paprika-Bulgur-Pfanne mit Datteln 76
Bunte Gemüsepfanne mit Kichererbsen 28
Bunte Schupfnudeln mit Rucola 43
Butter 8
Butterschmalz 8

C

Chili-Fisch mit Mango 126
Chili-Garnelenpfanne mit Zuckerschoten 123
Chili-Kokos-Reis mit Stangensellerie 65
Chili-Reispuffer mit Avocadomus 71
Chilisauce, Süßscharfe 92
Chinakohl-Glasnudeln mit Schweinefilet 47
Chinapfanne mit Rindfleisch 78
Chopsuey vegetarisch 22
Cremige Erdnusssauce 93
Curry-Geschnetzeltes mit Lauch und Äpfeln 81
Curry-Geschnetzeltes mit Zwetschgen 81

D

Dämpfen
  4 × Dämpfen im Wok 135
  Garnelen mit Paksoi 135
  Ingwer-Fisch 135
  Lachsfilet mit Asia-Pesto 135
  Muscheln aus dem Würzdampf 135

Das richtige Fett zum Braten und Frittieren 8
Dinkel-Mangold-Pfanne 73
Dinkelpfanne mit Zucchini 73
Dipsaucen
  6 × asiatische Dipsaucen 92 f.
  Cremige Erdnusssauce 93
  Limetten-Chili-Fischsauce (Nam Pla Prik) 93
  Mangochutney 93
  Süßsaure Pflaumensauce 92
  Süßscharfe Chilisauce 92
  Wasabi-Gurken-Dip 93

E

Edelstahlpfannen 6
Eier
  Gebratener Mango-Reis mit Spiegelei 60
  Kürbis-Kartoffel-Omelett 30
  Mediterrane Gemüsepfanne mit Spiegelei 38
  Suppengrün-Pfanne mit Rührei 38
  Entenbrust in Orangen-Sherry-Sauce 91
  Entenbrust mit Portwein und Trauben 91
Erdnusssauce, Cremige 93

Aus Wok und Pfanne

F

Fett zum Braten und Frittieren 8
Fisch
   Bohnen-Lachs-Pfanne mit Bandnudeln 55
   Brokkoli und Fisch im Backteig 137
   Chili-Fisch mit Mango 126
   Fisch-Garnelen-Pfanne süßsauer 130

   Fisch-Nuggets mit scharfer Joghurtsauce 118
   Fischpfanne mit Spargel und Sprossen 113
   Ingwer-Fisch 135
   Kohlrabi-Lachs-Pfanne mit Erbsen-Nudeln 55
   Lachs-Gemüse-Pfanne auf asiatische Art 116
   Lachsfilet mit Asia-Pesto 135
   Lachspfanne mit grünem Gemüse 116
   Pannfisch mit Senfsauce 114
   Paprika-Fisch süßsauer 130
   Pfeffer-Lengfisch mit Papaya 126
   Provenzalische Thunfischpfanne 132
   Provenzalische Thunfischspieße 132
   Schollenfilets mit Ingwer-Möhren 110
   Schollenfilets mit Speckgemüse 110
   Sesam-Fischstäbchen mit scharfer Remoulade 118
   Spargel-Fisch-Wok mit Koriandergrün 113
   Zanderfiletpfanne mit Roter Bete 121
   Zanderfilets auf Sprossen und Roter Bete 121
Fleisch schneiden 11
Frittieren: Darauf kommt es an 35
Frittiertes
   6 × knusprig frittiert 34f.
   Frittierte Tintenfischringe 137
   Frittierter Sesam-Tofu mit Gurkensalat 35

Frittiertes *(Forts.)*
   Gebackene Champignons 35
   Gemüse-Beignets mit Minze-Joghurt 34
   Grüner Spargel im Parmesanmantel 35
   Knusprige Kartoffelbällchen 34
   Scharfe Halloumi-Schnitzel 35

G

Garmethoden im Wok 7
Garnelen
   Chili-Garnelenpfanne mit Zuckerschoten 123
   Fisch-Garnelen-Pfanne süßsauer 130
   Garnelen mit Paksoi 135
   Kreolische Garnelenpfanne mit Paprika 123
   Spargel-Bratreis mit Garnelen 63
Gebackene Bananen mit Kokosraspeln 152
Gebackene Champignons 34
Gebackene Zwetschgenröllchen 150
Gebratene Auberginen mit Ajvar-Joghurt-Sauce 25
Gebratene Gnocchi mit Rosenkohl 41
Gebratener Chili-Brokkoli mit Putenfleisch 86
Gebratener Gemüsereis mit Flusskrebsen 63
Gebratener Mango-Reis mit Spiegelei 60
Gebratener Spinat mit Speck 17
Gebratener Vanille-Grieß 138
Gebratenes Schweinefleisch mit Chinakohl 83
Geflügel
   Entenbrust in Orangen-Sherry-Sauce 91
   Entenbrust mit Portwein und Trauben 91
   Gebratener Chili-Brokkoli mit Putenfleisch 86
   Griechische Reispfanne mit Putenbrust 66
   Hähnchen-Brokkoli-Pfanne 86
   Hähnchen-Chicorée-Pfanne mit Physalis 94
   Puten-Mais-Pfanne 89
   Putengeschnetzeltes mit weißen Bohnen 89
   Thai-Hähnchen-Curry mit Physalis 94
   Geflügelleber mit Pfirsichen 101
Gelber Mandel-Reis mit Spinat 65

Gemüse in Scheiben schneiden 11
Gemüse und Fleisch perfekt klein schneiden 10
Gemüse-Beignets mit Minze-Joghurt 34
Gemüsepfanne, Bunte, mit Kichererbsen 28
Geschnetzelte Kalbsleber mit Äpfeln 101
Ghee 8
Gnocchi-Pfanne mit Brokkoli 41
Gnocchi, Gebratene, mit Rosenkohl 41
Griechische Reispfanne mit Putenbrust 66
Grieß
   Gebratener Vanille-Grieß 138
   Kokos-Grieß-Pfanne mit Mandarinen 138
Grillpfannen 7

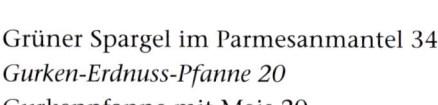

Grüner Spargel im Parmesanmantel 34
Gurken-Erdnuss-Pfanne 20
Gurkenpfanne mit Mais 20

H/I

Hackfleisch
   Hackfleischpfanne Tex-Mex 102
   Pasta-Hack-Pfanne mit Fenchel 52
   Tortilla-Pizza 102

Register

Hähnchen-Brokkoli-Pfanne 86
Hähnchen-Chicorée-Pfanne mit Physalis 94
Hausgemachte Saucen als Mitbringsel 93
Herbstliche Bulgur-Früchte-Pfanne 143
Himbeer-Bruschettas 149
Ingwer-Fisch 135

K

Kalamari mit Paprika 124
Kalbfleisch
   Kalbfleisch mit Rucola und Kürbiskernen 96
   Kalbsgeschnetzeltes mit grünem Spargel 96
   Kalbsgeschnetzeltes mit Gurken 99
   Zitronen-Reispfanne mit Kalbfleisch 66
Karamellisiertes Brot mit Limettencreme und Obst 140
Kartoffeln
   Knusprige Kartoffelbällchen 34
   Kürbis-Kartoffel-Omelett 30
   Schinken-Kartoffeln mit Tomaten 104
Käse
   Grüner Spargel im Parmesanmantel 35
   Nudelpfanne mit Rucola und Schafskäse 50
   Pfannengemüse mit Schafskäse und Joghurt 19
   Scharfe Halloumi-Schnitzel 35
   Spätzle mit Pilzen und Käsehaube 57
Kichererbsen
   Bunte Gemüsepfanne mit Kichererbsen 28
   Kichererbsen und Rote Bete mit Apfel 28
Knusprige Kartoffelbällchen 34
Kohl
   Chinakohl-*Glasnudeln mit Schweinefilet 47*
   Gebratene Gnocchi mit Rosenkohl 41
   Garnelen mit Paksoi 135
   Gebratenes Schweinefleisch mit Chinakohl 83
   Scharfer Kohl mit Cashewkernen 14
   Schweinegeschnetzeltes mit Spitzkohl 83
   Spitzkohl mit Kabanossi 14
   Wirsing-Nudeln mit Rindfleisch 47
   Kohlrabi-Lachs-Pfanne mit Erbsen-Nudeln 55
Kokos- und Palmkernfett 8

Kokos-Grieß-Pfanne mit Mandarinen 138
Kokos-Nudel-Pfanne mit Papayasauce 146
Kräuter-Reispuffer mit Mango-Dip 71
Kreolische Garnelenpfanne mit Paprika 123
Kupferpfannen 7
Kürbis
   Kürbis-Kartoffel-Omelett 30
   Kürbis-Maronen-Pfanne 30
   Orientalischer Couscous mit Kürbis 76

L

Lachs-Gemüse-Pfanne auf asiatische Art 116
Lachsfilet mit Asia-Pesto 135
Lachspfanne mit grünem Gemüse 116
Lammfleisch
   Lammgeschnetzeltes mit Champignons 84
   Orientalische Lammfleischpfanne 84
Lauch-Tomaten-Pfanne mit Pinienkernen 36
Leber
   Geflügelleber mit Pfirsichen 101
   Geschnetzelte Kalbsleber mit Äpfeln 101
Limetten-Chili-Fischsauce (Nam Pla Prik) 93
Linsencurry mit grünen Bohnen 27
Linsengemüse aus der Pfanne 27

M

Mango-Dip (zu Kräuter-Reispuffern) 71
Mangochutney 93
Mediterrane Gemüsepfanne mit Spiegelei 38

Meeresfrüchte
   Meeresfrüchte-Gemüse-Pfanne 129
   Muscheln aus dem Würzdampf 135
   Thai-Curry mit Meeresfrüchten 129
Mini-Pfannkuchen mit Obstsalat 145
Mohn-Nudel-Pfanne mit Kirschragout 146
Muscheln aus dem Würzdampf 135

N

Nasigoreng mit Omelettschnecken 60
Natives Olivenöl 8
Nudeln
   Asia-Nudeln mit Zuckerschoten und Ananas 44
   Bamigoreng – Gebratene Nudeln 58
   Bohnen-Lachs-Pfanne mit Bandnudeln 55
   Chinakohl-Glasnudeln mit Schweinefilet 47
   Kohlrabi-Lachs-Pfanne mit Erbsen-Nudeln 55
   Kokos-Nudel-Pfanne mit Papayasauce 146
   Mohn-Nudel-Pfanne mit Kirschragout 146
   Nudelpfanne mit Rucola und Schafskäse 50
   Pasta-Hack-Pfanne mit Fenchel 52
   Reisnudeln mit Frühlingszwiebeln und Apfel 44
   Rosenkohl-Pasta-Pfanne 49
   Rucola-Speck-Nudeln mit Dicken Bohnen 50
   Spaghetti mit Fenchel und Chorizo 52
   Wirsing-Nudeln mit Rindfleisch 47
   Zucchini-Pasta-Pfanne 49
   Zwiebel-Spätzle-Pfanne mit Schinken 57

157

Nuss-Schmarren mit Birnenkompott 149
Nüsse und Samen
Apfel-Beignets mit Walnüssen 152
Birnen-Lauch-Pfanne mit Haselnüssen 36
Erdnusssauce, Cremige 93
Gurken-Erdnuss-Pfanne 20
Lauch-Tomaten-Pfanne mit Pinienkernen 36
Orangen-Couscous-Pfanne mit Nüssen 143
Pfannengerührter Sesam-Spinat 17
Scharfer Kohl mit Cashewkernen 14

O/P/Q

Orangen-Couscous-Pfanne mit Nüssen 143
Orientalische Lammfleischpfanne 84
Orientalischer Couscous mit Kürbis 76
Pannfisch mit Senfsauce 114
Paprika-Bulgur-Pfanne mit Datteln 76
Paprika-Fisch süßsauer 130
Paprika-Zartweizen-Pfanne mit Kasseler 74
Pasta-Hack-Pfanne mit Fenchel 52
Pfannen für die schnelle Küche 6
Pfannengemüse mit Schafskäse und Joghurt 19
Pfannengerührter Sesam-Spinat 17
Pfannenkunde 6
Pfannenrühren im Wok 9
Pfannkuchen
Mini-Pfannkuchen mit Obstsalat 145
Zitronen-Pfannkuchen mit Erdbeeren 145
Pfeffer-Lengfisch mit Papaya 126
Pflanzenmargarine 8
Pflaumensauce, Süßsaure 92

Pilze
Gebackene Champignons 35
Lammgeschnetzeltes mit Champignons 84
Pilzpfanne mit Ciabatta-Croûtons 33
Reispfanne mit Kräuterseitlingen 68
Reispfanne mit Pfifferlingen 68
Spätzle mit Pilzen und Käsehaube 57
Steak-Gröstl mit Pilzen 104
Thymian-Pilze in Tomatenschmand 33
Praktisch: Im Ofen garen (Pannfisch) 114
Profihobel (Mandoline) 10
Provenzalische Thunfischpfanne 132
Provenzalische Thunfischspieße 132
Puten-Mais-Pfanne 89
Putengeschnetzeltes mit weißen Bohnen 89
Quarkkeulchen mit Preiselbeeren 149

R

Raffinierte Öle 8
Rauchpunkte für Fette und Öle 9
Reis
Chili-Kokos-Reis mit Stangensellerie 65
Chili-Reispuffer mit Avocadomus 71
Gebratener Gemüsereis mit Flusskrebsen 63
Gebratener Mango-Reis mit Spiegelei 60
Gelber Mandel-Reis mit Spinat 65
Griechische Reispfanne mit Putenbrust 66
Kräuter-Reispuffer mit Mango-Dip 71
Nasigoreng mit Omelettschnecken 60
Reispfanne mit Kräuterseitlingen 68
Reispfanne mit Pfifferlingen 68
Spargel-Bratreis mit Garnelen 63
Zitronen-Reispfanne mit Kalbfleisch 66
Reisnudeln mit Frühlingszwiebeln und Apfel 44
Remoulade, Scharfe (zu Sesam-Fischstäbchen) 118
Rindfleisch
Chinapfanne mit Rindfleisch 78
Rinderfilet mit Paprika 99
Rindergeschnetzeltes mit grünen Bohnen 78

Rindfleisch (Forts.)
Steak-Gröstl mit Pilzen 104
Wirsing-Nudeln mit Rindfleisch 47
Rosenkohl-Pasta-Pfanne 49
Rucola-Speck-Nudeln mit Dicken Bohnen 50

S

Sanftes Garen im Dampf 135
Scharfe Halloumi-Schnitzel 35
Scharfer Kohl mit Cashewkernen 14
Schinken-Kartoffeln mit Tomaten 104
Schmiedeeiserne Pfannen 7
Schollenfilets mit Ingwer-Möhren 110
Schollenfilets mit Speckgemüse 110
Schupfnudeln
Bunte Schupfnudeln mit Rucola 43
Schupfnudeln mit Karamell-Zwetschgen 149
Schupfnudelpfanne mit Specksauerkraut 43
Schweinefleisch
Chinakohl-Glasnudeln mit Schweinefilet 47
Curry-Geschnetzeltes mit Lauch und Äpfeln 81
Curry-Geschnetzeltes mit Zwetschgen 81
Gebratenes Schweinefleisch mit Chinakohl 83
Paprika-Zartweizen-Pfanne mit Kasseler 74
Schweinegeschnetzeltes mit Spitzkohl 83
Schweineschmalz 8
Sesam
Pfannengerührter Sesam-Spinat 17
Sesam-Fischstäbchen mit scharfer Remoulade 118
Spaghetti mit Fenchel und Chorizo 52
Spargel
Fischpfanne mit Spargel und Sprossen 113
Grüner Spargel im Parmesanmantel 34
Kalbsgeschnetzeltes mit grünem Spargel 96
Spargel-Bratreis mit Garnelen 63
Spargel-Fisch-Wok mit Koriandergrün 113
Spätzle mit Pilzen und Käsehaube 57

Register

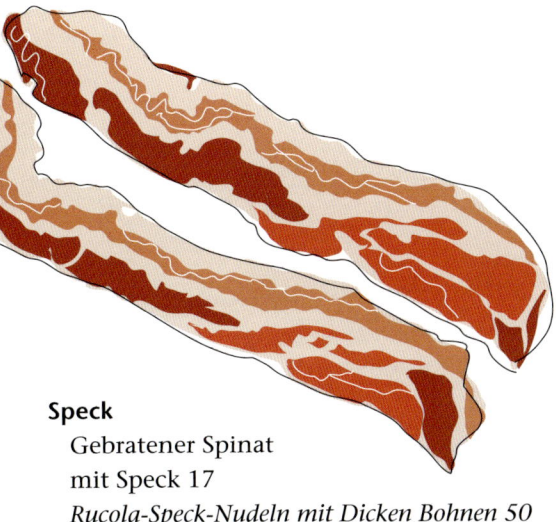

Speck
  Gebratener Spinat
    mit Speck 17
  Rucola-Speck-Nudeln mit Dicken Bohnen 50
  Schollenfilets mit Speckgemüse 110
  Schupfnudelpfanne mit Specksauerkraut 43
  Zartweizen-Gemüse-Pfanne mit Bacon 74

Spinat
  Gebratener Spinat mit Speck 17
  Gelber Mandel-Reis mit Spinat 65
  Orientalische Lammfleischpfanne 84
  Pfannengerührter Sesam-Spinat 17

Spitzkohl mit Kabanossi 14
Steak-Gröstl mit Pilzen 104
Suppengrün-Pfanne mit Rührei 38
Süße Frühlingsrollen mit Aprikosen 150
Süßes blitzschnell gebraten 149
Süßsaure Pflaumensauce 92
Süßscharfe Chilisauce 92

Süßspeisen
  4 × Süßes aus der Pfanne 149
  Apfel-Beignets mit Walnüssen 152
  Arme Ritter mit Kompott und Joghurt 140
  Gebackene Bananen mit Kokosraspeln 152
  Gebackene Zwetschgenröllchen 150
  Gebratener Vanille-Grieß 138
  Herbstliche Bulgur-Früchte-Pfanne 143
  Karamellisiertes Brot mit Limettencreme
    und Obst 140
  Kokos-Grieß-Pfanne mit Mandarinen 138
  Kokos-Nudel-Pfanne mit Papayasauce 146
  Mini-Pfannkuchen mit Obstsalat 145
  Mohn-Nudel-Pfanne mit Kirschragout 146
  Orangen-Couscous-Pfanne mit Nüssen 143
  Süße Frühlingsrollen mit Aprikosen 150
  Zitronen-Pfannkuchen mit Erdbeeren 145

T

Thai-Curry mit Meeresfrüchten 129
Thai-Curry-Gemüse 22
Thai-Hähnchen-Curry mit Physalis 94
Thunfischpfanne, Provenzalische 132
Thunfischspieße, Provenzalische 132
Thymian-Pilze in Tomatenschmand 33

Tintenfisch
  Frittierte Tintenfischringe 137
  Kalamari mit Paprika 124
  Tintenfischpfanne mit grünen Bohnen 124

Tofu
  Frittierter Sesam-Tofu mit Gurkensalat 35
  Wokgemüse mit Tofu 19

Tortilla-Pizza 102
Typisch indonesisch 58

V/W

Vegetarisch
  Auberginen-Curry mit Joghurt 25
  Bunte Gemüsepfanne mit Kichererbsen 28
  Chopsuey vegetarisch 22
  Gebratene Auberginen mit Ajvar-Joghurt-
    Sauce 25
  Kichererbsen und Rote Bete mit Apfel 28
  Kürbis-Maronen-Pfanne 30
  Linsencurry mit grünen Bohnen 27
  Linsengemüse aus der Pfanne 27
  Thai-Curry-Gemüse 22

Wasabi-Gurken-Dip 93
Wirsing-Nudeln mit Rindfleisch 47
Wok – die Universalpfanne aus Fernost 7
Wok-Pfannen 7
Wokgemüse mit Tofu 19
Woks für Elektro- und Cerankochfelder 7
Würstchenpfanne mit weißen Bohnen 109
Wurstpfanne mit Dicken Bohnen 109

Z

Zanderfiletpfanne mit Roter Bete 121
Zanderfilets auf Sprossen und Roter Bete 121

Zartweizen
  Paprika-Zartweizen-Pfanne mit Kasseler 74
  Zartweizen-Gemüse-Pfanne mit Bacon 74

Zeitspar-Tipps für die Blitzküche 11
Zitronen-Pfannkuchen mit Erdbeeren 145
Zitronen-Reispfanne mit Kalbfleisch 66

Zucchini
  Dinkelpfanne mit Zucchini 73
  Zucchini-Pasta-Pfanne 49

Zutaten würfeln 11
Zwiebel-Spätzle-Pfanne mit Schinken 57

Impressum

Autorin: Annette Heisch
Producing: Redaktionsbüro Cornelia Klaeger, München
(Satz: Regina Rechter, Redaktion: Adelheid Schmidt-Thomé)
Fotografie: Christiane Krüger, Hamburg
Food-Styling: Rocco Dressel und Alexandra Böhme, Hamburg
Illustrationen: know idea GmbH, Heidi Armbruster, Freiburg

Reader's Digest
Redaktion: Stephanie Winterkorn (Projektleitung)
Grafik: Peter Waitschies (Projektleitung)
Bildredaktion: Sabine Schlumberger
Prepress: Frank Bodenheimer
Chefredaktion Ressort Buch: Dr. Renate Mangold
Art Director: Susanne Hauser

Druckvorstufe
GroupFMG Print

Druck und Binden
Leo Paper Products Ltd., Hongkong

© 2012 Reader's Digest, Deutschland, Schweiz, Österreich
Verlag Das Beste GmbH, Stuttgart, Zürich, Wien

Das Werk einschließlich aller seiner Teile ist urheberrechtlich geschützt. Jede Verwendung außerhalb der engen Grenzen des Urheberrechtsgesetzes ist ohne Zustimmung des Verlags unzulässig und strafbar. Das gilt insbesondere für Vervielfältigungen, Übersetzungen, Mikroverfilmungen und die Verarbeitung in elektronischen Systemen.

UK 0156/G/S

Printed in China

ISBN 978-3-89915-885-4

Besuchen Sie uns im Internet
www.readersdigest.de
www.readersdigest.ch
www.readersdigest.at